Lernzirkel

Zu den lateinischen Deklinationen

Von Alban Schüler und Volker Vogel

Unter beratender Mitwirkung von Roland Frölich

Vandenhoeck & Ruprecht

Abbildungsnachweis:
Die Zeichnungen stammen von Dietmar Griese, Laatzen.
Umschlagabbildung: Musée du Louvre (Foto: M. u. P. Chuzeville).

Das Markenzeichen »Halli-Galli« (s. Station III 3) verwenden wir mit freundlicher Genehmigung der Firma AMIGO Spiel+Freizeit GmbH.

Das Programmsegment »Innovative Unterrichtskonzepte für den Lateinunterricht« entsteht unter der konzeptionellen Beratung durch Roland Frölich, Kaiserslautern.

ISBN 3–525–71040–2

© 2004 Vandenhoeck & Ruprecht in Göttingen.
Internet: www.vandenhoeck-ruprecht.de
Alle Rechte vorbehalten. Das Werk und seine Teile sind urheberrechtlich geschützt. Jede Verwertung in anderen als den gesetzlich zugelassenen Fällen bedarf der vorherigen schriftlichen Einwilligung des Verlages. Hinweis zu § 52a UrhG: Weder das Werk noch seine Teile dürfen ohne vorherige schriftliche Einwilligung des Verlages öffentlich zugänglich gemacht werden. Dies gilt auch bei einer entsprechenden Nutzung für Lehr- und Unterrichtszwecke. – Printed in Germany.
Satz: Schwarz auf Weiß GmbH, Hannover
Druck und Bindung: Hubert & Co., Göttingen

Lernzirkel zu den lateinischen Deklinationen

1. Didaktisch-methodische Bemerkungen

1.1 Ziele des Lernzirkels

Der vorliegende Lernzirkel verfolgt folgende fachliche Ziele:

- Kenntnis der lateinischen Deklinationen
- Kenntnis der lateinischen Kasus und deren Funktionen
- Kenntnis der Wortausgänge der Deklinationen in den verschiedenen Kasus
- Kenntnis der KNG-Kongruenz von Substantiv und Adjektiv
- Verbesserung der Fähigkeit, Formen lateinischer Substantive und Adjektive zu bestimmen und zu bilden
- Verbesserung der Vokabelkenntnisse (immanent)
- Verbesserung der Übersetzungsfähigkeit

Außerdem ist mit dem Erlernen und Anwenden bzw. Vertiefen der Organisation und der Arbeitsweisen der Unterrichtsform »Lernzirkel«[1] eine Verbesserung so genannter Schlüsselqualifikationen, wie z.B. Teamfähigkeit, Kommunikation, eigenverantwortliches Lernen etc., impliziert.

1.2 Zeitpunkt des Einsatzes

Der »Lernzirkel zu den lateinischen Deklinationen« kann zur Festigung bzw. Verbesserung der oben genannten Kenntnisse und Fähigkeiten nach Einführung der lateinischen Deklinationen in allen Klassenstufen (auch wiederholt) eingesetzt werden.
Sollten noch nicht alle Deklinationen eingeführt worden sein, ist es auch möglich, die Übungen zu den bekannten Deklinationen aus Station II in Form eines »Mini-Lernzirkels« vorab zu verwenden. Nach entsprechender Umgestaltung durch den Fachlehrer[2], z.B. durch Streichen unbekannter Begriffe und/oder Ergänzung um weitere bekannte Sachverhalte, können dann auch die anderen Stationen bereits eingesetzt werden.

1.3 Voraussetzungen

Alle lateinischen Deklinationen und Kasus sollten bei der entsprechenden Lerngruppe eingeführt worden sein (siehe aber auch oben, 1.2).
Zudem ist es von Vorteil – aber nicht Voraussetzung –, wenn die Schüler die Methoden und Arbeitsweisen der Unterrichtsform »Lernzirkel« bereits kennen. Die Einführung in den Lernzirkel ist je nach Erfahrungsstand der Lerngruppe zu gestalten.

---

[1] Bezüglich des Begriffs »Lernzirkel« verweisen wir auf nachstehende Definition: »Lernzirkel orientieren sich an einem bestimmten Themenbereich des Lehrplans, der für die Gestaltung der einzelnen Stationen in kleinere Abschnitte zerlegt wird. Alle Schüler arbeiten, obwohl sie zur selben Zeit mit unterschiedlichen Aufgaben beschäftigt sind, dennoch auf dasselbe Lernziel hin.« (zitiert nach Potthoff, W.: Einführung in die Reformpädagogik, Freiburg 1992, S. 215f.).

[2] Wir haben uns aus Gründen der besseren Lesbarkeit entschieden, bei Wörtern wie »Lehrer«, »Schüler« usw. immer nur die männliche Form zu verwenden; selbstverständlich wollen wir mit diesem Lernzirkel auch Lehrerinnen, Schülerinnen usw. ansprechen.

Didaktisch-methodische Bemerkungen

1.4 Zeitansatz

Der Zeitansatz für diesen Lernzirkel kann von dem verantwortlichen Fachlehrer entsprechend dem Kenntnisstand der Lerngruppe selbst festgelegt werden. Allerdings empfehlen wir mindestens vier Unterrichtsstunden, um schwächeren Schülern ausreichend Gelegenheit zu geben, fachliche Defizite auch wirklich beheben zu können.
Den Abschluss der Unterrichtseinheit sollte eine Reflexionsstunde bilden, in der sowohl inhaltliche als auch methodische und sozial-kommunikative Aspekte angesprochen werden.

1.5 Konzeption des Lernzirkels

Die offene Unterrichtsform »Lernzirkel« ist in besonderem Maße dazu geeignet, dem unterschiedlichen Lern- und Arbeitstempo der Schüler Rechnung zu tragen und unterschiedliche Vorkenntnisse auszugleichen. Da die Schüler je nach ihren Interessenlagen, aber auch je nach ihren bestehenden Defiziten eigene Lern- und Übungsschwerpunkte setzen können, ermöglicht sie eine individuelle Förderung jedes einzelnen Schülers und ist in hohem Maße schülerzentriert.

Der Lernzirkel besteht aus fünf **Stationen**: Die Stationen I–IV enthalten Arbeitsaufträge und die Station V Hilfsmittel zur Erledigung dieser Arbeitsaufträge. An der ersten Station besteht die Möglichkeit, allgemeine Grundkenntnisse, wie z.B. Kasusfunktionen oder die KNG-Kongruenz von Substantiven und Adjektiven, zu wiederholen. Die zweite Station ermöglicht die gezielte Wiederholung einzelner Deklinationen. Station III dient der Rekapitulation aller Deklinationen in gemischter Form. An Station IV kann der Schüler seine Kenntnisse durch die Arbeit an Texten anwenden und überprüfen.
Um dem unterschiedlichen Leistungsstand der Schüler gerecht zu werden, liegen bei Station II an den Unterstationen »a« leichte und an den Unterstationen »b« und »c« etwas schwierigere Übungen zur Bearbeitung vor. In ähnlicher Weise ist die vierte Station konzipiert, die an »a« einen eher leichten, an »b« einen mittelschweren und an »c« einen relativ schwierigen Text zur Bearbeitung bietet. Der Schwierigkeitsgrad der Übungen an den Stationen I und III ist (mit Ausnahme der sehr einfachen Aufgabe an Station I 1) in etwa gleich.

Wie sich beim Durchsehen der gängigen Lehrwerke zeigt, findet sich in den verschiedenen Lateinbüchern ein recht unterschiedliches **Vokabular** (insbesondere bei den »kleineren« Deklinationen wie der u- oder der e-Deklination). Es ist daher möglich, dass einige der im Lernzirkel verwendeten Vokabeln der Lerngruppe (noch) unbekannt sind. Um dieses Defizit zu beheben, findet sich auf der Homepage des Verlages (www.v-r.de) eine Aufstellung aller in diesem Lernzirkel verwendeten Vokabeln, die kostenlos heruntergeladen und an die Schüler ausgeteilt werden kann. Dort steht auch ein Vorschlag für einen Test, der am Ende der Unterrichtseinheit, sei es benotet oder als zusätzliche Selbstkontrolle für die Schüler, durchgeführt werden kann.

In welcher **Reihenfolge** die Schüler die Stationen bearbeiten, bleibt diesen selbst überlassen (vgl. »Wegweiser«).

Auch die **Anzahl der zu bearbeitenden (Unter-)Stationen** wird grundsätzlich von den Schülern selbst bestimmt. Da sich jedoch an den Stationen III und IV zeigen wird, ob ein Schüler auch tatsächlich über die gewünschten und benötigten (Grund-)Kenntnisse verfügt, schlagen wir vor, die Schüler mindestens je eine Unterstation aus III und IV bearbeiten zu lassen. Um bei weniger eifrigen Schülern Bummelei zu verhindern, empfiehlt es sich außerdem, dass der Lehrer (unter Umständen zusammen mit den Schülern) eine Mindestanzahl von (Unter-)Stationen festlegt, die in einem vorgegebenen Zeitraum zu bearbeiten sind.
Des Weiteren können die Schüler eine (Unter-)Station auch mehrfach bearbeiten und zu Hause an den einzelnen Aufgaben (z.B. an der Wiederholung der Endungen einer bestimmten Deklination) weiterarbeiten. Allerdings ist es nicht ratsam, den Schülern nur einmal vorhandene Materialien, z.B. aus Station III, mit nach Hause zu geben.

Tipps für die Einführung und Benutzung des Lernzirkels

Um eine textliche Überfrachtung der Arbeitsaufträge zu vermeiden, erscheinen die Arbeitsanweisungen weitgehend in visualisierter Form. Hierbei werden folgende **Symbole** verwendet:

	Einzelarbeit		Lösung auf beiliegendem Lösungsblatt
	Partnerarbeit		Wichtig!!! Unbedingt beachten bzw. merken/lernen
	Gruppenarbeit		Kassette
	Kopie/Arbeitsblatt nehmen, bearbeiten, im eigenen Ordner/Heft abheften/einkleben		Klarsichthülle mit Folienstift bearbeiten, kontrollieren, Klarsichthülle abwischen

Anhand des »**Laufzettels**« protokollieren die Schüler selbstständig ihre Arbeit. Am Ende der Unterrichtseinheit sollten die Laufzettel zwecks Information über die geleistete Arbeit der Lerngruppe vom Lehrer eingesehen werden.

Damit (fachliche wie methodische) Fragen und/oder Probleme der Schüler nicht unbeantwortet bzw. ungelöst bleiben, sollte ein »**Fragespeicher**« eingerichtet werden: Hierzu sollten die Schüler ihre Fragen und Probleme z.B. auf einem vorbereiteten Plakat artikulieren, damit diese gebündelt zu einem geeigneten Zeitpunkt mit allen gemeinsam besprochen werden können.

2. Tipps für die Einführung und Benutzung des Lernzirkels

♦ Klären Sie vor der eigentlichen Arbeit mit dem Lernzirkel ausführlich den Aufbau des Lernzirkels, die verwendete Symbolik, das Protokollieren (vgl. »Laufzettel«), wo und in welcher Form Hilfestellungen zur Bewältigung der Arbeitsaufträge gegeben werden sowie die Arten der Selbstkontrolle, da die Unterrichtsform »Lernzirkel« eine große Selbstständigkeit und deshalb Klarheit bezüglich Intention, Organisation und Durchführung erfordert.

♦ Treffen Sie vor Beginn der Lernzirkelarbeit weitere organisatorische Absprachen (als Vorlage hierzu kann der »Wegweiser« dienen). Besonders wichtig ist hierbei, die verfügbare Zeit zur Bearbeitung der Arbeitsaufträge sowie ggf. eine verbindlich zu bearbeitende Zahl von (Unter-)Stationen zu vereinbaren. Ergänzen Sie den Wegweiser dahin gehend. Sollten Sie dem bzgl. der Mindestzahl an zu bearbeitenden Stationen gemachten Vorschlag nicht folgen wollen, streichen Sie bitte im Wegweiser den Zusatz im ersten Spiegelpunkt des Pflichtenkatalogs.

♦ Bestimmen Sie aus Gründen der Zeitersparnis für jede (Unter-)Station Paten, die für diese verantwortlich sind (d.h. für Aufbau, Abbau, Überprüfung der Vollständigkeit der Materialien).

♦ Stellen Sie dort, wo Sie die Arbeitsaufträge auslegen, zum besseren Auffinden möglichst verschiedenfarbige Pappkärtchen für die einzelnen Stationen auf.

♦ Es ist von Vorteil, wenn der »Fragespeicher« und die Symbole mit den dazu gehörenden Arbeitsanweisungen während der gesamten Unterrichtseinheit z.B. an Stell- oder Korkwänden hängen und so für die Schüler stets einsehbar sind.

Erweiterung/Ergänzung des Lernzirkels

- Lassen Sie eine Mappe oder einen Ordner anlegen, in der/dem alle Arbeitsergebnisse und die Laufzettel zu sammeln sind.

- Sparen Sie Kopien und damit Kosten, indem Sie nur Laufzettel und Wegweiser in Klassen- bzw. Kursstärke kopieren (bei Lerngruppen, die sich noch in der Lehrbuchphase befinden, eventuell auch den Text der Station IV 1, da die anderen Texte für dieses Lernstadium noch zu schwierig sein dürften). Die übrigen (Unter-)Stationen sollten in je drei Exemplaren zugänglich sein. Sollte eine Aufgabe aus mehreren Seiten bestehen, heften Sie diese jeweils zusammen.
  Überlegen Sie sich außerdem, ob Sie jedem Schüler eine Liste der im Lernzirkel verwendeten Vokabeln aushändigen oder ob Sie den Schülern die Vokabeln an der »Hilfsmittel«-Station V zugänglich machen wollen (vgl. 1.5).

- Laminieren Sie nach Möglichkeit beim Herstellen von Materialien aus Pappe das entsprechende Material, um dessen Haltbarkeit zu erhöhen.

- Legen Sie die Arbeitsblätter, die mit Folienstift bearbeitet werden sollen, in Klarsichthüllen aus.

- An der »Hilfsmittel«-Station V legen Sie bitte das beigefügte Deklinationsschema, die Kassette sowie mindestens zwei lat.-dt. Wörterbücher und zwei lat. Grammatiken aus. Außerdem kann auch die Zusammenstellung der im Lernzirkel vorkommenden Vokabeln dort deponiert werden. Sollten Sie sich gegen ein Auslegen des Vokabelverzeichnisses an der Hilfsmittel-Station entscheiden, streichen Sie bitte auf dem Laufzettel Punkt 5 zu Station V.
  Es steht Ihnen natürlich frei, noch weitere Hilfsmittel an Station V zu hinterlegen. Ergänzen Sie dann bitte den Laufzettel entsprechend.

- Evaluieren Sie am Ende der Unterrichtseinheit den Lern- und Arbeitsprozess gemeinsam mit der Lerngruppe (z.B. in einem Gespräch im Stuhlkreis und/oder mit einem Fragebogen).

- Bedenken Sie die veränderte Lehrerrolle bei der Lernzirkelarbeit. Lassen Sie die Schüler selbstständig arbeiten. Bleiben Sie möglichst ganz im Hintergrund.

3. Erweiterung/Ergänzung des Lernzirkels

Während der Beschäftigung mit Lernzirkeln haben viele Schüler (zuweilen auch Kollegen) Ideen und Wünsche, wie der gerade verwendete Lernzirkel ergänzt werden könnte. Eine Realisierung dieser Ideen bzw. Wünsche macht allen Beteiligten meist großen Spaß. Besonders motivierend ist hierbei, wenn die selbst konzipierten (Unter-)Stationen Teil des bestehenden Lernzirkels werden. Hierbei sind nur wenige, im Folgenden angeführte Regeln zu beachten:

- Benennen Sie neue (Unter-)Stationen in Analogie zu den bereits bestehenden.

- Ergänzen Sie den Laufzettel entsprechend.

- Visualisieren Sie (u.U. zusammen mit den Autoren) die Arbeitsanweisungen mit den entsprechenden Symbolen. Notieren Sie diese in »Wölkchen« auf den Arbeitsblättern.

- Kontrollieren Sie Arbeitsaufträge, vor allem aber die Lösungen!

Übrigens: Die Herstellung/Ergänzung eines Lernzirkels kann auch eine lohnende Projektaufgabe sein!

Lernzirkel zu den lateinischen Deklinationen

Laufzettel

Stationen		bearbeitet	Sozialform
I Allgemeines Grundwissen	1. Welche Deklinationen gibt es?	( ) ( )	
	2. Kasusfunktionen		
	a) Lückentexte	( ) ( )	
	b) Anlegepuzzle	( ) ( )	
	3. KNG-Kongruenz	( ) ( )	
II Die einzelnen Deklinationen	1. a-Deklination		
	a) Von Fall zu Fall	( ) ( )	
	b) Fit in den Formen?	( ) ( )	
	c) Puzzle	( ) ( )	
	2. o-Deklination		
	a) Von Fall zu Fall	( ) ( )	
	b) Fit in den Formen?	( ) ( )	
	c) Memory	( ) ( )	
	3. Die 3. Deklination (kons., i- und gemischte Deklination)		
	a) Von Fall zu Fall	( ) ( )	
	b) Fit in den Formen?	( ) ( )	
	c) Domino	( ) ( )	
	4. u-Deklination		
	a) Von Fall zu Fall	( ) ( )	
	b) Fit in den Formen?	( ) ( )	
	c) Folge den Fällen!	( ) ( )	
	5. e-Deklination		
	a) Von Fall zu Fall	( ) ( )	
	b) Fit in den Formen?	( ) ( )	
	c) Gitterrätsel	( ) ( )	
III Alle Deklinationen gemischt	1. Spiel: Die Reise durch Italien	( ) ( )	
	2. Spiel: Lege an und räume ab!	( ) ( )	
	3. Spiel: Formen-Halli-Galli	( ) ( )	
	4. Falscher Passagier an Bord	( ) ( )	
IV Arbeit an Texten	1. Über Odysseus	( ) ( )	
	2. Zwei Maulesel und die Räuber	( ) ( )	
	3. Vergil, Aeneis	( ) ( )	
V Hilfsmittel	1. Deklinationstabellen		
	2. Deklinationskassette		
	3. Wörterbücher (lat.-dt.)		
	4. Grammatikbücher		
	5. Verzeichnis der im Lernzirkel verwendeten Vokabeln		

Lernzirkel zu den lateinischen Deklinationen

Wegweiser

Der Lernzirkel besteht aus fünf Stationen, die dir zur Wiederholung der lateinischen Deklinationen dienen. Hierzu findest du an den Stationen I-IV Arbeitsaufträge zu folgenden Teilgebieten:

- **Station I:** **Allgemeines Grundwissen**
- **Station II:** **Die einzelnen Deklinationen**
- **Station III:** **Alle Deklinationen gemischt**
- **Station IV:** **Textarbeit**

Außerdem findest du in **Station V** mehrere **Hilfsmittel** zur Erledigung der Arbeitsaufträge.

An **Station II** liegen an den Unterstationen »a« leichte und an den Unterstationen »b« und »c« etwas anspruchsvollere Übungen für dich bereit.
In ähnlicher Weise findest du bei **Station IV** an »a« einen eher leichten, an »b« einen mittelschweren und an »c« einen etwas anspruchsvolleren Text.
Der Schwierigkeitsgrad der Übungen an den **Stationen I** und **III** ist (mit Ausnahme der sehr einfachen Aufgabe an Station I 1) in etwa gleich.

Du hast die Freiheit,

- die Reihenfolge für die Bearbeitung der Stationen selbst zu bestimmen,
- dein Arbeitstempo selbst zu bestimmen,
- (Unter-)Stationen mehrfach zu bearbeiten,
- zwischen Einzel-, Partner- und Gruppenarbeit zu wählen, wo es möglich ist,
- dir an der Station V (»Hilfsmittel«) Rat zu holen, wenn du es für nötig hältst.

Du hast die Pflicht,

- in den nächsten ☐ Stunden mindestens ☐ Unterstationen zu bearbeiten, davon mindestens jeweils eine Unterstation der Stationen III und IV,
- die Symbole und Arbeitsanweisungen zu beachten,
- die Selbstkontrolle gewissenhaft durchzuführen,
- mit dem Material sorgfältig umzugehen und es wieder an seinen Platz zurückzulegen,
- den Laufzettel auszufüllen,
- durch ruhiges Arbeiten für eine angenehme Arbeitsatmosphäre zu sorgen.

Station I 1 (Hinweise)

Hinweise für den Lehrer

1. Kopieren oder übertragen Sie die nachfolgende Seite auf eine feste Unterlage (Pappe).
2. Verfahren Sie ebenso mit den folgenden Bezeichnungen der einzelnen Deklinationen. Schneiden Sie diese dann aus und legen Sie die sieben »Deklinationskärtchen« in einen Umschlag mit der Aufschrift »Station I 1«.

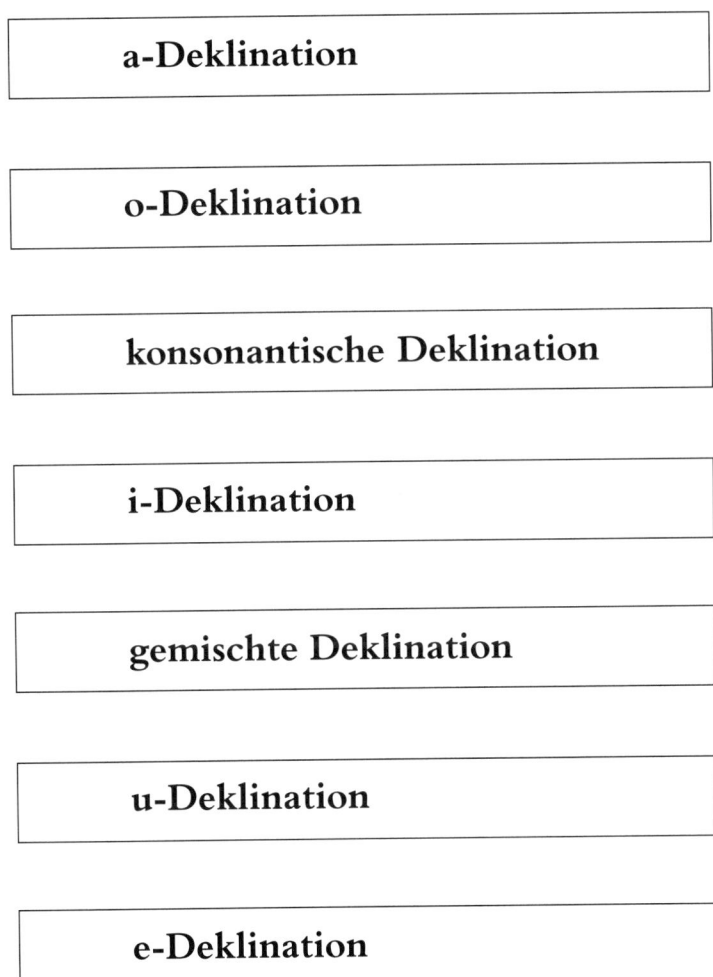

Station I 1

Welche Deklinationen gibt es?

> **ARBEITSAUFTRAG**
>
> Nimm die sieben Kärtchen aus dem Umschlag »Station I 1« und lege sie richtig geordnet auf diese Unterlage. Überlege dir eine Begründung für die Anordnung der 3. Deklination.

1.

2.

3. a)

    b)

    c)

4.

5.

Welche Deklinationen gibt es?

1. a-Deklination

2. o-Deklination

3. a) konsonantische Deklination

   b) i-Deklination

   c) gemischte Deklination

4. u-Deklination

5. e-Deklination

Begründung für die Anordnung der 3. Deklination:

♦ Die Substantive der **i-Deklination** unterscheiden sich von denen der konsonantischen Deklination nur im:
   - **Akkusativ Singular** (*-im* statt *-em*, z.B. *turrim/vim*),
   - **Ablativ Singular** (*-i* statt *-e*, z.B. *turri/vi/mari*),
   - **Nominativ/Akkusativ Plural neutrum** (*-ia* statt *-a*, z.B. *maria*),
   - **Genitiv Plural** (*-ium* statt *-um*, z.B. *turrium/virium/marium*).

♦ Die **gemischte Deklination** unterscheidet sich von der konsonantischen nur im:
   - **Genitiv Plural** (*-ium* statt *-um*, z.B. *hostium*).

   Sie stellt also eine »Mischung« zwischen der konsonantischen und der i-Deklination dar.

Station I 2 a (Seite 1)

Lückentexte

INFORMATION

Im Lateinischen gibt es sechs Fälle (Kasus), die – abgesehen vom Vokativ – in der Regel vom Aufbau eines Satzes her erfragt werden können.

ARBEITSAUFTRAG

Ergänze die folgenden Texte.

Der Nominativ

Das _____ eines Satzes steht gewöhnlich im Nominativ. Nach diesem Satzteil fragt man mit _____. Bei den Substantiven enden Neutra im Nominativ (und Akkusativ) Plural immer auf -____ bzw. auf -____.

Der Genitiv

Am Genitiv Singular kann man die _____ eines Substantivs erkennen. Er muss darum immer mitgelernt werden.
Nach dem **Genitivattribut** fragt man gewöhnlich mit _____,
nach dem **genitivus qualitatis** (Genitiv der Beschaffenheit) mit _____.

Der Dativ

Nach dem **Dativ als Objekt** fragt man gewöhnlich mit _____,
nach dem **dativus finalis** (Dativ des Zwecks) mit _____
und nach dem **dativus commodi** (Dativ des Vorteils) mit _____.
Beim **dativus possessivus** (Dativ des Besitzers [= Dativ in Verbindung mit einer 3. Person von »esse«]) wird der Dativ zum _____ des deutschen Satzes und »esse« übersetzt man mit _____.

Station I 2 a (Seite 2)

Der Akkusativ

Nach dem **Akkusativ als Objekt** fragt man gewöhnlich mit _____,

nach dem **Akkusativ der Richtung** mit _____

und nach dem **Akkusativ der zeitlichen Ausdehnung** mit _____.

Der Ablativ

Im Lateinischen sind verschiedene Arten des Ablativs zu unterscheiden, nach denen unterschiedlich gefragt wird. Diese Unterscheidungen sind wichtig, um in einem Text einen Ablativ richtig übersetzen zu können.

Nach dem **ablativus instrumentalis** (Ablativ des Mittels) fragt man mit _____,

nach dem **ablativus separativus** (Ablativ der Trennung) mit _____,

nach dem **ablativus loci** (Ablativ des Ortes) mit _____,

nach dem **ablativus temporis** (Ablativ der Zeit) mit _____

und nach dem **ablativus sociativus** (Ablativ der Begleitung) mit _____.

Der Vokativ

Im Lateinischen gibt es mit dem Vokativ einen eigenen Kasus, der der _____ dient. Er hat im Plural immer und im Singular fast immer die gleiche Endung wie der _____.

Ausnahmen sind:

– die Worte auf -_____ der ___ -Deklination; sie bilden den Vokativ im Singular auf -___

– die Eigennamen auf -ius; sie enden im Vokativ auf -_____

– der Vokativ Sing. mask. des Possessivpronomens »meus«; er lautet _____.

Lückentexte

Der Nominativ

Das **Subjekt** eines Satzes steht gewöhnlich im Nominativ. Nach diesem Satzteil fragt man mit »*Wer oder was?*«. Bei den Substantiven enden Neutra im Nominativ (und Akkusativ) Plural immer auf *-a* bzw. auf *-ia*.

Der Genitiv

Am Genitiv Singular kann man die **Deklinationsklasse** eines Substantivs erkennen. Er muss darum immer mitgelernt werden.
Nach dem **Genitivattribut** fragt man gewöhnlich mit »*Wessen?*«,
nach dem **genitivus qualitatis** (Genitiv der Beschaffenheit) mit »*Von welcher Art und Weise?*«.

Der Dativ

Nach dem **Dativ als Objekt** fragt man gewöhnlich mit »*Wem?*«,
nach dem **dativus finalis** (Dativ des Zwecks) mit »*Wozu?*«
und nach dem **dativus commodi** (Dativ des Vorteils) mit »*Für wen oder was?*«.
Beim **dativus possessivus** (Dativ des Besitzers [= Dativ in Verbindung mit einer 3. Person von »esse«]) wird der Dativ zum **Subjekt** des deutschen Satzes und »esse« übersetzt man mit **haben**.

Der Akkusativ

Nach dem **Akkusativ als Objekt** fragt man gewöhnlich mit »*Wen oder was?*«,
nach dem **Akkusativ der Richtung** mit »*Wohin?*«
und nach dem **Akkusativ der zeitlichen Ausdehnung** mit »*Wie lange?*«.

Lückentexte

Station I 2 a (Lösung, Seite 2)

Der Ablativ

Im Lateinischen sind verschiedene Arten des Ablativs zu unterscheiden, nach denen unterschiedlich gefragt wird. Diese Unterscheidungen sind wichtig, um in einem Text einen Ablativ richtig übersetzen zu können.
Nach dem **ablativus instrumentalis** (Ablativ des Mittels) fragt man mit »*Womit oder wodurch?*«,
nach dem **ablativus separativus** (Ablativ der Trennung) mit »*Woher oder wovon?*«,
nach dem **ablativus loci** (Ablativ des Ortes) mit »*Wo?*«,
nach dem **ablativus temporis** (Ablativ der Zeit) mit »*Wann?*«
und nach dem **ablativus sociativus** (Ablativ der Begleitung) mit »*Mit wem?*«.

Der Vokativ

Im Lateinischen gibt es mit dem Vokativ einen eigenen Kasus, der der **Anrede** dient. Er hat im Plural immer und im Singular fast immer die gleiche Endung wie der **Nominativ**.

Ausnahmen sind:
- die Worte auf **-us** der **o**-Deklination; sie bilden den Vokativ im Singular auf **-e** (z.B. *amice*),
- die Eigennamen auf **-ius**; sie enden im Vokativ auf **-i** (z.B. *Gai*),
- der Vokativ Sing. mask. des Possessivpronomens »meus«; er lautet ***mi***.

.... bitte hier abtrennen ....

Station V 2 (Hinweise Deklinationskassette)

Hinweise für den Lehrer

Sprechen Sie bitte die Deklinationstabellen (Station V 1, Deklinatonstabellen) wie folgt langsam auf eine Kassette:

»Im Lateinischen gibt es fünf Deklinationen.
1. Die a-Deklination.
Beispiel: serva
        Singular
        Nominativ: serva
        Genitiv: servae
        usw.
Ende.«

Hinterlegen Sie die Kassette und einen Walkman zusammen mit den »Hinweisen zur Benutzung der Kassette« an Station V.

Station I 2 b

Anlegepuzzle

INFORMATION

Im Lateinischen gibt es sechs Fälle (Kasus), die – abgesehen vom Vokativ – in der Regel vom Aufbau eines Satzes her erfragt werden können.

ARBEITSAUFTRAG

1. Nimm alle Kärtchen aus dem Umschlag »Station I 2 b« und mische sie.
2. Benenne die verschiedenen Kasus und ordne ihnen die Satzstellen, die sie füllen können, bzw. die Kasusfunktionen, die sie einnehmen können, und die dazugehörigen Fragen zu, indem du die Kärtchen richtig geordnet auf die dafür vorgesehene Unterlage legst.

Hinweis

 Solltest du mit dieser Übung Schwierigkeiten haben, wiederhole den/die »problematischen« Kasus anhand der Lösung zu Station I 2 a.

.... bitte hier abtrennen ....

Station I 2 b (Hinweise)

Hinweise für den Lehrer

1. Kopieren oder übertragen Sie die Vorlage auf eine feste Unterlage (Pappe).

2. Kopieren Sie das Lösungsblatt zweimal.

3. Schneiden Sie von einem der kopierten Lösungsblätter die Kasusbezeichnungen, Fragekärtchen und Fachtermini entlang der gestrichelten Linien aus und legen Sie diese in einen Umschlag mit der Aufschrift »Station I 2 b«.

Station I 2 b (Vorlage)

Anlegepuzzle

	Der	antwortet als	auf die Frage(n)
1.			
2.			
3.			
4.			
5.			

Anlegepuzzle

Anlegepuzzle

	Der	antwortet als	auf die Frage(n)
1.	Nominativ	Subjekt	Wer oder was?
2.	Genitiv	Genitivattribut	Wessen?
		genitivus qualitatis (der Beschaffenheit)	Von welcher Art und Weise?
3.	Dativ	Objekt	Wem?
		dativus finalis (des Zwecks)	Wozu?
		dativus commodi (des Vorteils)	Für wen oder was?
4.	Akkusativ	Objekt	Wen oder was?
		Akkusativ der zeitl. Ausdehnung	Wie lange?
		Richtungsakkusativ	Wohin?
5.	Ablativ	abl. instrumentalis (des Mittels)	Womit oder wodurch?
		abl. separativus (der Trennung)	Woher oder wovon?
		abl. loci (des Ortes)	Wo?
		abl. temporis (der Zeit)	Wann?
		ablativus sociativus (der Begleitung)	Mit wem?

KNG-Kongruenz

ARBEITSAUFTRAG

1. Ergänze den folgenden Text.
2. Nimm aus den Umschlägen »Substantive Station I 3« und »Adjektive Station I 3« die Kärtchen heraus und mische jeden Stapel gut.
3. Breite die Substantive links und die Adjektive rechts vor dir aus.
4. Ordne jedem Substantiv ein Adjektiv zu, das in Kasus (Fall), Numerus (Zahl) und Genus (Geschlecht) mit ihm übereinstimmt, d.h. in KNG-Kongruenz steht; die Wortpaare müssen inhaltlich sinnvoll sein!
5. Lege danach die Kärtchen in die richtigen Umschläge zurück.

Hinweis

Solltest du mit dieser Übung Schwierigkeiten haben, wiederhole die »problematische/n« Deklination/en anhand von Station II.

TEXT

Ein Adjektiv steht immer in KNG-Kongruenz zu dem Substantiv, auf das es sich bezieht, d.h. die beiden Wörter stimmen in

_____,

_____ und

_____ überein.

Adjektive auf -us, -a, -um (bzw. auf -er, -a, -um) werden nach der __- und __- Deklination dekliniert, fast alle übrigen Adjektive nach der __- Deklination (allerdings mit der Akkusativendung -em statt -im bei Maskulina/Feminina).

Station I 3 (Kärtchen zum Ausschneiden)

Hinweise für den Lehrer

1. Kopieren oder übertragen Sie die unten stehenden Wörter – eventuell vergrößert – auf Karteikärtchen.

2. Legen Sie die Kärtchen mit den Substantiven in einen Umschlag mit der Aufschrift »Substantive Station I 3« und die Kärtchen mit den Adjektiven in einen Umschlag mit der Aufschrift »Adjektive Station I 3«.

viae	longae	condicio	dura
servarum	bonarum	maria	alta (Plural)
dominam	severam	liberi	hilares
dominos	bonos	turribus	altis
vir	laetus	vultui	tristi
aulis	amplis	montes	ingentes
templum	antiquum	corpore	pulchro
ager	latus	agricolarum	proborum
clamore	magno	imperatorem	audacem

KNG-Kongruenz

> TEXT
>
> Ein Adjektiv steht immer in KNG-Kongruenz zu dem Substantiv, auf das es sich bezieht, d.h. die beiden Wörter stimmen in
> *Kasus (Fall)*,
> *Numerus (Zahl)* und
> *Genus (Geschlecht)* überein.
> Adjektive auf -us, -a, -um (bzw. auf -er, -a, -um) werden nach der *a*- und nach der *o*-Deklination dekliniert, fast alle übrigen Adjektive nach der *i*-Deklination (allerdings mit der Akkusativendung -em statt -im bei Maskulina/Feminina).

Wortpaare

viae longae

servarum bonarum

dominam severam

dominos bonos

vir laetus

aulis amplis

templum antiquum

ager latus

clamore magno

condicio dura

maria alta

liberi hilares

turribus altis

vultui tristi

montes ingentes

corpore pulchro

agricolarum proborum

imperatorem audacem

Von Fall zu Fall

ARBEITSAUFTRAG

Ergänze die fehlenden Endungen.

Hinweis

 Solltest du mit dieser Übung Schwierigkeiten haben, wiederhole zunächst die a-Deklination mithilfe des Deklinationsschemas oder der Kassette an Station V bzw. die KNG-Kongruenz anhand von Station I 3.

	Singular	Plural
Nominativ	ancilla nova	ancill-____ nov-____
Genitiv	ancill-____ nov-____	ancill-____ nov-____
Dativ	ancill-____ nov-____	ancill-____ nov-____
Akkusativ	ancill-____ nov-____	ancill-____ nov-____
Ablativ	ancill-____ nov-____	ancill-____ nov-____

	Singular	Plural
Nominativ	statua admirabilis	statu-____ admirabil-____
Genitiv	statu-____ admirabil-____	statu-____ admirabil-____
Dativ	statu-____ admirabil-____	statu-____ admirabil-____
Akkusativ	statu-____ admirabil-____	statu-____ admirabil-____
Ablativ	statu-____ admirabil-____	statu-____ admirabil-____

Station II 1 a (Lösung)

Von Fall zu Fall

	Singular	Plural	Singular	Plural
Nominativ	ancilla nova	ancill**ae** nov**ae**	statua admirabilis	statu**ae** admirabil**es**
Genitiv	ancill**ae** nov**ae**	ancill**arum** nov**arum**	statu**ae** admirabil**is**	statu**arum** admirabil**ium**
Dativ	ancill**ae** nov**ae**	ancill**is** nov**is**	statu**ae** admirabil**i**	statu**is** admirabil**ibus**
Akkusativ	ancill**am** nov**am**	ancill**as** nov**as**	statu**am** admirabil**em**	statu**as** admirabil**es**
Ablativ	ancill**a** nov**a**	ancill**is** nov**is**	statu**a** admirabil**i**	statu**is** admirabil**ibus**

.... bitte hier abtrennen ....

Station II 2 a (Lösung)

Von Fall zu Fall

	Singular	Plural	Singular	Plural
Nominativ	avus carus	av**i** car**i**	auxilium utile	auxili**a** util**ia**
Genitiv	av**i** car**i**	av**orum** car**orum**	auxili**i** util**is**	auxili**orum** util**ium**
Dativ	av**o** car**o**	av**is** car**is**	auxili**o** util**i**	auxili**is** util**ibus**
Akkusativ	av**um** car**um**	av**os** car**os**	auxili**um** util**e**	auxili**a** util**ia**
Ablativ	av**o** car**o**	av**is** car**is**	auxili**o** util**i**	auxili**is** util**ibus**

Station II 1 b

Fit in den Formen?

ARBEITSAUFTRÄGE

1. Setze die unter a)-i) angegebenen Wortpaare vom Singular in den Plural und umgekehrt. Beachte dabei die KNG-Kongruenz (→ Station I 3).
2. Bestimme in der Tabelle Kasus, Numerus und Genus der Wortpaare. Was fällt dir auf?

Hinweise/Tipps

- Bestimme auch bei den Wortpaaren a)-i) zunächst jeweils Kasus und Numerus.
- Solltest du mit dieser Übung Schwierigkeiten haben, bearbeite zuerst bzw. wiederhole Station II 1 a.

a) statuae ingentes → _____

b) copiam magnam → _____

c) ignavia turpi → _____

d) familiarum praeclarum → _____

e) bestiae horribili → _____

f) oras latas → _____

g) curarum gravium → _____

h) pugnae illustris → _____

i) »O puella pulchra!« → _____

	Kasus	Numerus	Genus
dominas severas			
servae tristi			
poetarum doctorum			
vitam beatam			
agricola probus			
naturae admirabilis			
amica hilari			
bestiis terribilibus	1.		
	2.		

24

Fit in den Formen?

a) statuae ingentes (Nom. Pl.)   statua ingens

b) copiam magnam (Akk. Sing.)   copias magnas

c) ignavia turpi (Abl. Sing.)   ignaviis turpibus

d) familiarum praeclarum (Gen. Pl.)   familiae praeclarae

e) bestiae horribili (Dat. Sing.)   bestiis horribilibus

f) oras latas (Akk. Pl.)   oram latam

g) curarum gravium (Gen. Pl.)   curae gravis

h) pugnae illustris (Gen. Sing.)   pugnarum illustrium

i) »O puella pulchra!« (Vok. Sing.)   »O puellae pulchrae!«

	Kasus	Numerus	Genus
dominas severas	Akk.	Pl.	f.
servae tristi	Dat.	Sing.	f.
poetarum doctorum	Gen.	Pl.	m.
vitam beatam	Akk.	Sing.	f.
agricola probus	Nom.	Sing.	m.
naturae admirabilis	Gen.	Sing.	f.
amica hilari	Abl.	Sing.	f.
bestiis terribilibus	1. Dat.	Pl.	f.
	2. Abl.	Pl.	f.

Auffällig ist:

poeta und *agricola* sind als einzige Substantive dieser Übung Maskulina; sie gehören damit zu den ganz wenigen Ausnahmen in der a-Deklination; gewöhnlich sind Substantive der a-Deklination Feminina.

Station II 1 c

Puzzle

Anleitung

1. Nimm die Puzzle-Teile aus dem Umschlag »Station II 1 c«, mische sie und lege sie mit der lateinischen Schrift nach oben auf eine Unterlage.

2. Das Puzzle besteht aus neun Teilen, die zu einem Quadrat aneinander gelegt werden sollen:

3. Dabei sind die einzelnen Teile so aneinander anzulegen, dass die Wörter, die an den Kanten der Kärtchen zusammentreffen, in Kasus, Numerus und Genus übereinstimmen und sinnvolle Wortpaare ergeben.

4. Drehe am Ende zur Kontrolle das Puzzle herum/
Vergleiche dein Ergebnis mit dem Lösungsblatt.

Hinweise/Tipps

1. Manchmal scheint es mehrere Möglichkeiten zu geben. Welche die richtige ist, wird erst nach Anlegen weiterer Puzzle-Teile klar (hast du die falsche gewählt, geht das Puzzle nicht auf).

2. Kein Wort darf auf dem Kopf stehen.

3. Solltest du mit den Formen Schwierigkeiten haben, bearbeite zuerst bzw. wiederhole Station II 1 a.

Station II 1 c (Hinweise/Puzzle-Teile)

Hinweise für den Lehrer

1. Schneiden Sie die Puzzle-Teile aus und kleben Sie sie auf Pappe.
2. Für die Selbstkontrolle bieten sich zwei Möglichkeiten an:
   a) Sie kleben auf die Puzzle-Rückseite ein schönes Bild (z.B. ein Foto eines Lorbeerkranzes), das bei richtiger Zusammensetzung nach Umdrehen des Puzzles zu sehen sein muss;
   oder
   b) Sie kopieren das richtig angeordnete Puzzle vor dem Ausschneiden und legen die Kopie als Lösungsblatt bei.
   Entscheiden Sie sich für eine der beiden Möglichkeiten und streichen Sie dann in der Puzzle-Anleitung unter Punkt 4 die unzutreffende der beiden Kontrollmöglichkeiten.
3. Legen Sie die Puzzle-Teile in einen Umschlag mit der Aufschrift »Station II 1 c«.

bonas	suavis	quartam
saeva puellae	laetae domina	mala bestia
servis	villam	praedam
novis	pulchram	magnam
multarum patria	mea insulas	ingentes pugnarum
via	poenis	glorias
lata	duris	aeternas
horribiles hora	prima pila	parva perfidia
cena	causae	sagittam

Von Fall zu Fall

Arbeitsauftrag

Ergänze die fehlenden Endungen.

Hinweis

 Solltest du mit dieser Übung Schwierigkeiten haben, wiederhole zunächst die o-Deklination mithilfe des Deklinationsschemas oder der Kassette an Station V bzw. die KNG-Kongruenz anhand von Station I 3.

	Singular	Plural
Nominativ	avus carus	av-____ car-____
Genitiv	av-____ car-____	av-____ car-____
Dativ	av-____ car-____	av-____ car-____
Akkusativ	av-____ car-____	av-____ car-____
Ablativ	av-____ car-____	av-____ car-____

	Singular	Plural
Nominativ	auxilium utile	auxili-____ util-____
Genitiv	auxili-____ util-____	auxili-____ util-____
Dativ	auxili-____ util-____	auxili-____ util-____
Akkusativ	auxili-____ util-____	auxili-____ util-____
Ablativ	auxili-____ util-____	auxili-____ util-____

Station II 2 b

Fit in den Formen?

ARBEITSAUFTRÄGE

1. Setze die unter a)-i) angegebenen Wortpaare vom Singular in den Plural und umgekehrt. Beachte dabei die KNG-Kongruenz (→ Station I 3).
2. Bestimme in der Tabelle Kasus, Numerus und Genus der Wortpaare. Was fällt dir auf?

Hinweise/Tipps

- Bestimme auch bei den Wortpaaren a)-i) zunächst jeweils Kasus und Numerus.
- Solltest du mit dieser Übung Schwierigkeiten haben, bearbeite zuerst bzw. wiederhole Station II 1 a.

a) vilicum attentum → _____

b) cibi boni → _____

c) periculo ingenti → _____

d) virorum laetorum → _____

e) magistro felici → _____

f) vehicula illustria → _____

g) nuntiorum celerium → _____

h) ager latus → _____

i) »O amice fide!« → _____

	Kasus	Numerus	Genus
servorum sanorum			
humo frugiferae			
numero immenso	1.		
	2.		
ingenium simile	1.		
	2.		
colonos honestos			
vinum antiquum	1.		
	2.		
pueri fortis			
imperiis severis	1.		
	2.		

Station II 2 b (Lösung)

Fit in den Formen?

a) vilicum attentum (Akk. Sing.)   vilicos attentos

b) cibi boni (Gen. Sing./Nom. Pl.)   ciborum bonorum/cibus bonus

c) periculo ingenti (Dat./Abl. Sing.)   periculis ingentibus

d) virorum laetorum (Gen. Pl.)   viri laeti

e) magistro felici (Dat./Abl. Sing.)   magistris felicibus

f) vehicula illustria (Nom./Akk. Pl.)   vehiculum illustre

g) nuntiorum celerium (Gen. Pl.)   nuntii celeris

h) ager latus (Nom. Sing.)   agri lati

i) »O amice fide!« (Vok. Sing.)   »O amici fidi!«

	Kasus	Numerus	Genus
servorum sanorum	Gen.	Pl.	m.
humo frugiferae	Dat.	Sing.	f.
numero immenso	1. Dat.	Sing.	m.
	2. Abl.	Sing.	m.
ingenium simile	1. Nom.	Sing.	n.
	2. Akk.	Sing.	n.
colonos honestos	Akk.	Pl.	m.
vinum antiquum	1. Nom.	Sing.	n.
	2. Akk.	Sing.	n.
pueri fortis	Gen.	Sing.	m.
imperiis severis	1. Dat.	Pl.	n.
	2. Abl.	Pl.	n.

Auffällig ist:

humus ist als einziges der Substantive dieser Übung Femininum. In der Regel sind die Substantive der o-Deklination auf -us und -(e)r Maskulina, die auf -um Neutra.

Merke dir aber: Land, Insel, Stadt und Baum auf -us
als weiblich man gebrauchen muss.

30

Station II 2 c

Memory

SPIELANLEITUNG

1. Nehmt die Memory-Kärtchen aus dem Umschlag »Station II 2 c«, mischt sie gut durch und breitet sie verdeckt vor euch aus.
2. Der jüngste Spieler beginnt und deckt zwei Karten auf. Handelt es sich dabei um ein Substantiv und ein Adjektiv, die in KNG-Kongruenz zueinander stehen und ein sinnvolles Wortpaar bilden, darf er die beiden Karten behalten und ist noch einmal an der Reihe. Andernfalls werden beide Karten wieder umgedreht und der nächste Spieler deckt zwei Karten auf.

Hinweise:

- Als Variante könnt ihr die Spielregel auch dahingehend ändern, dass Substantiv und Adjektiv nicht nur in KNG-Kongruenz stehen, sondern auch von einem der folgenden Wortpaare stammen müssen: *hortus magnus, vinum bonum* oder *ager fertilis*.
- Solltet ihr mit den Formen Schwierigkeiten haben, bearbeitet zuerst bzw. wiederholt Station II 2 a.

.... bitte hier abtrennen ....

Station II 3 a (Seite 2)

	Singular	Plural
Nominativ	urbs pulchra	urb-____ pulchr-____
Genitiv	urb-____ pulchr-____	urb-____ pulchr-____
Dativ	urb-____ pulchr-____	urb-____ pulchr-____
Akkusativ	urb-____ pulchr-____	urb-____ pulchr-____
Ablativ	urb-____ pulchr-____	urb-____ pulchr-____

Station II 2 c (Kärtchen zum Ausschneiden)

Hinweise für den Lehrer

1. Schneiden Sie die Vorlagen für die Kärtchen entlang der gestrichelten Linien aus und kleben Sie sie – eventuell vergrößert – auf Pappe.
2. Legen Sie die Kärtchen in einen Umschlag mit der Aufschrift »Station II 2 c«.

hortus	magnus	horti	magni
horti	magni	hortorum	magnorum
horto	magno	hortis	magnis
hortum	magnum	hortos	magnos

vinum	bonum	vina	bona
vini	boni	vinorum	bonorum
vino	bono	vinis	bonis

ager	fertilis	agri	fertiles
agri	fertilis	agrorum	fertilium
agro	fertili	agris	fertilibus
agrum	fertilem	agros	fertiles

Station II 3 a (Seite 1)

Von Fall zu Fall

ARBEITSAUFTRAG

Ergänze die fehlenden Endungen.

Hinweis

Solltest du mit dieser Übung Schwierigkeiten haben, wiederhole zunächst die 3. Deklination mithilfe des Deklinationsschemas oder der Kassette in Station V bzw. die KNG-Kongruenz anhand von Station I 3.

	Singular	**Plural**
Nominativ	clamor ingens	clamor-____ ingent-____
Genitiv	clamor-____ ingent-____	clamor-____ ingent-____
Dativ	clamor-____ ingent-____	clamor-____ ingent-____
Akkusativ	clamor-____ ingent-____	clamor-____ ingent-____
Ablativ	clamor-____ ingent-____	clamor-____ ingent-____

	Singular	**Plural**
Nominativ	mare altum	mar-____ alt-____
Genitiv	mar-____ alt-____	mar-____ alt-____
Dativ	mar-____ alt-____	mar-____ alt-____
Akkusativ	mar-____ alt-____	mar-____ alt-____
Ablativ	mar-____ alt-____	mar-____ alt-____

Von Fall zu Fall

	Singular	Plural	Singular	Plural
Nominativ	clamor ingens	clamores ingentes	mare altum	maria alta
Genitiv	clamoris ingentis	clamorum ingentium	maris alti	marium altorum
Dativ	clamori ingenti	clamoribus ingentibus	mari alto	maribus altis
Akkusativ	clamorem ingentem	clamores ingentes	mare altum	maria alta
Ablativ	clamore ingenti	clamoribus ingentibus	mari alto	maribus altis

.... bitte hier abtrennen ....

	Singular	Plural
Nominativ	urbs pulchra	urbes pulchrae
Genitiv	urbis pulchrae	urbium pulchrarum
Dativ	urbi pulchrae	urbibus pulchris
Akkusativ	urbem pulchram	urbes pulchras
Ablativ	urbe pulchra	urbibus pulchris

Fit in den Formen?

ARBEITSAUFTRÄGE

1. Setze die unter a)-i) angegebenen Wortpaare vom Singular in den Plural und umgekehrt. Beachte dabei die KNG-Kongruenz (→ Station I 3).
2. Bestimme in der Tabelle Kasus, Numerus und Genus der Wortpaare.

Hinweise/Tipps

- Bestimme auch bei den Wortpaaren a)-i) zunächst jeweils Kasus und Numerus.
- Solltest du mit dieser Übung Schwierigkeiten haben, bearbeite zuerst bzw. wiederhole Station II 3 a.

a) victores infelices → _____

b) hominem familiarem → _____

c) magna voce → _____

d) corporum firmorum → _____

e) civi libero → _____

f) montes altos → _____

g) odorum malorum → _____

h) sororis comis → _____

i) »O senator noster!« → _____

	Kasus	Numerus	Genus
tempora difficilia	1.		
	2.		
hosti forti			
lex talis			
comitum hilarium			
turribus altis	1.		
	2.		
lapide duro			
oneris gravis			
matrem probam			

Station II 3 b (Lösung)

Fit in den Formen?

a) victores infelices (Nom./Akk. Pl.)   victor infelix/victorem infelicem

b) hominem familiarem (Akk. Sing.)   homines familiares

c) magna voce (Abl. Sing.)   magnis vocibus

d) corporum firmorum (Gen. Pl.)   corporis firmi

e) civi libero (Dat. Sing.)   civibus liberis

f) montes altos (Akk. Pl.)   montem altum

g) odorum malorum (Gen. Pl.)   odoris mali

h) sororis comis (Gen. Sing.)   sororum comium

i) »O senator noster!« (Vok. Sing.)   »O senatores nostri!«

	Kasus	Numerus	Genus
tempora difficilia	1. Nom.	Pl.	n.
	2. Akk.	Pl.	n.
hosti forti	Dat.	Sing.	m.
lex talis	Nom	Sing.	f.
comitum hilarium	Gen.	Pl.	m./f.
turribus altis	1. Dat.	Pl.	f.
	2. Abl.	Pl.	f.
lapide duro	Abl.	Sing.	m.
oneris gravis	Gen.	Sing.	n.
matrem probam	Akk.	Sing.	f.

.... bitte hier abtrennen ....

Station II 3 c (Hinweise)

Hinweise für den Lehrer

1. Schneiden Sie die Wortpaare – eventuell vergrößert – entlang der gestrichelten Linien aus und kleben Sie sie auf Karteikärtchen bzw. auf Pappkarton.

2. Legen Sie die Kärtchen in einen Umschlag mit der Aufschrift »Station II 3 c«.

Station II 3 c

Domino

ARBEITSAUFTRAG

1. Nimm die Kärtchen mit den Wortpaaren aus dem Umschlag »Station II 3 c« und mische sie gut.
2. Bilde aus den Kärtchen eine ringförmige Kette, indem du sie so aneinander legst, dass die Glieder der Kette abwechselnd Umwandlungsaufträge und Umwandlungsergebnisse sind.

Hinweise

- Passen die erste und die letzte Karte nicht zueinander, so hast du einen Fehler gemacht.
- Falls diese Station in Partner- oder Gruppenarbeit bearbeitet wird, könnt ihr untereinander einen kleinen Wettkampf durchführen, indem nacheinander jeder einmal die Kette bilden muss und dabei von den anderen die Zeit gestoppt wird. Der Schnellste gewinnt!
- Solltest du mit dieser Übung Schwierigkeiten haben, bearbeite zuerst bzw. wiederhole Station II 3 a.

.... bitte hier abtrennen ....

Station II 3 c (Wortpaare zum Ausschneiden)

civis nobilis	Abl. Pl.	civibus nobilibus	Dat. Sg.
civi nobili	dieselbe Form von vox hilaris	voci hilari	Nom. Pl.
voces hilares	dieselbe Form von litus insigne	litora insignia	Akk. Sg.
litus insigne	Abl. Sg.	litore insigni	dieselbe Form von civis nobilis
cive nobili	Gen. Pl.	civium nobilium	dieselbe Form von litus insigne
litorum insignium	dieselbe Form von vox hilaris	vocum hilarium	Nom. Sg.: Der adelige Bürger

Station II 4 a

Von Fall zu Fall

ARBEITSAUFTRAG

Ergänze die fehlenden Endungen.

Hinweis

Solltest du mit dieser Übung Schwierigkeiten haben, wiederhole zuerst die u-Deklination mithilfe des Deklinationsschemas oder der Kassette in Station V bzw. die KNG-Kongruenz anhand von Station I 3.

	Singular	Plural
Nominativ	casus difficilis	cas-____ difficil-____
Genitiv	cas-____ diffilil-____	cas-____ difficil-____
Dativ	cas-____ difficil-____	cas-____ difficil-____
Akkusativ	cas-____ difficil-____	cas-____ difficil-____
Ablativ	cas-____ difficil-____	cas-____ difficil-____

	Singular	Plural
Nominativ	fructus durus	fruct-____ dur-____
Genitiv	fruct-____ dur-____	fruct-____ dur-____
Dativ	fruct-____ dur-____	fruct-____ dur-____
Akkusativ	fruct-____ dur-____	fruct-____ dur-____
Ablativ	fruct-____ dur-____	fruct-____ dur-____

Station II 4 b

Fit in den Formen?

> ARBEITSAUFTRÄGE
>
> 1. Setze die unter a)–h) angegebenen Wortpaare vom Singular in den Plural und umgekehrt. Beachte dabei die KNG-Kongruenz (→ Station I 3).
> 2. Bestimme in der Tabelle Kasus, Numerus und Genus der Wortpaare. Was fällt dir auf?
>
> **Hinweise/Tipps**
>
> - Bestimme auch bei den Wortpaaren a)–h) zunächst jeweils Kasus und Numerus.
> - Solltest du mit dieser Übung Schwierigkeiten haben, bearbeite zuerst bzw. wiederhole Station II 4 a.

a) exercitus ingentes → _____

b) fructibus suavibus → _____

c) usu publico → _____

d) casus similis → _____

e) arcus latos → _____

f) domuum finitimarum → _____

g) sensum omnem → _____

h) status ignoti → _____

	Kasus	Numerus	Genus
sensus communes	1.		
	2.		
casuum illustrium			
portus ampli	1.		
	2.		
cursum celerem			
manibus firmis	1.		
	2.		
domus pulchrae	1.		
	2.		
sensibus variis			
cornu magnum			
ictui terribili			

Station II 4 b (Lösung)

Fit in den Formen?

a) exercitus ingentes (Nom./Akk. Pl.)   exercitus ingens/exercitum ingentem

b) fructibus suavibus (Dat./Abl. Pl.)   fructui suavi/fructu suavi

c) usu publico (Abl. Sing.)   usibus publicis

d) casus similis (Nom./Gen. Sing.)   casus similes/casuum similium

e) arcus latos (Akk. Pl.)   arcum latum

f) domuum finitimarum (Gen. Pl.)   domus finitimae

g) sensum omnem (Akk. Sing.)   sensus omnes

h) status ignoti (Gen. Sing./Nom. Pl.)   statuum ignotorum/status ignotus

	Kasus	**Numerus**	**Genus**
sensus communes	Nom.	Pl.	m.
	Akk.	Pl.	m.
casuum illustrium	Gen.	Pl.	m.
portus ampli	1. Gen.	Sing.	m.
	2. Nom.	Pl.	m.
cursum celerem	Akk.	Sing.	m.
manibus firmis	1. Dat.	Pl.	f.
	2. Abl.	Pl.	f.
domus pulchrae	1. Gen.	Sing.	f.
	2. Nom.	Pl.	f.
sensibus variis	1. Dat.	Pl.	m.
	2. Abl.	Pl.	m.
cornu magnum	1. Nom.	Sing.	n.
	2. Akk.	Sing.	n.
ictui terribili	Dat.	Sing.	m.

Auffällig ist:

manus und *domus* sind als einzige der Substantive dieser Übung Feminina; in der Regel sind die Substantive der u-Deklination Maskulina.
Auch Neutra kommen in der u-Deklination fast nicht vor; eine der ganz wenigen Ausnahmen ist *cornu*.

Station II 4 c

Folge den Fällen!

ARBEITSAUFTRAG

1. Nimm die Kärtchen mit den Wortpaaren aus dem Umschlag »Station II 4 c«.
2. Sortiere die Kärtchen nach Wortpaaren, sodass du fünf Stapel mit jeweils acht gleichen Substantiven und Adjektiven, die allerdings in verschiedenen Kasus stehen, erhältst.
3. Lege die Kärtchen zu den auf den Unterlagen geforderten Fällen.

Hinweis

Falls ihr diese Station in Partner- oder Gruppenarbeit bearbeitet, könnt ihr untereinander einen Wettkampf durchführen: Jeder Spieler erhält einen Kartenstapel gleicher Wortpaare. Dann beginnen alle gleichzeitig ihre Kette zu legen. Der Schnellste gewinnt!

.... bitte hier abtrennen ....

Station II 4 c (Hinweise)

Hinweise für den Lehrer

1. Fertigen Sie – eventuell vergrößert – eine Kopie des Lösungsblattes an.

2. Kleben Sie diese Kopie auf eine feste Unterlage (z.B. Pappkarton) und schneiden Sie »Rahmen« und Anlegekärtchen entlang der gestrichelten Linien aus.

3. Kleben Sie die »Rahmen« zur Stabilisierung noch einmal auf Pappe.

4. Legen Sie die Kärtchen und die »Rahmen« in einen großen Umschlag mit der Aufschrift »Station II 4 c«.

Station II 4 c (Lösung)

Nom. Sg.	Akk.	Pl.	Gen.	Sg.	Abl.	Pl.	Nom.	Sg.
metus magnus	metum magnum	metus magnos	metuum magnorum	metus magni	metu magno	metibus magnis	metus magni	metus magnus

Nom. Sg.	Gen.	Pl.	Abl.	Sg.	Akk.	Pl.	Nom.	Sg.
cursus celer	cursus celeris	cursuum celerium	cursibus celeribus	cursu celeri	cursum celerem	cursus celeres	cursus celeres	cursus celer

Nom. Sg.	Pl.	Akk.	Sg.	Abl.	Pl.	Gen.	Sg.	Nom.
domus clara	domus clarae	domos claras	domum claram	domo clara	domibus claris	domuum/domorum clararum	domus clarae	domus clara

Nom. Sg.	Abl.	Pl.	Gen.	Sg.	Akk.	Pl.	Nom.	Sg.
arcus latus	arcu lato	arcibus latis	arcuum latorum	arcus lati	arcum latum	arcus latos	arcus lati	arcus latus

Nom. Sg.	Pl.	Akk.	Sg.	Gen.	Sg.	Abl.	Pl.	Nom.
manus dextra	manus dextrae	manus dextras	manum dextram	manus dextrae	manu dextra	manibus dextris	manuum dextrarum	manus dextra

Station II 5 a

Von Fall zu Fall

ARBEITSAUFTRAG

Ergänze die fehlenden Endungen.

Hinweis

Solltest du mit dieser Übung Schwierigkeiten haben, wiederhole zunächst die e-Deklination mithilfe des Deklinationsschemas oder der Kassette in Station V bzw. die KNG-Kongruenz anhand von Station I 3.

	Singular	Plural
Nominativ	res publica	r-____ public-____
Genitiv	r-____ public-____	r-____ public-____
Dativ	r-____ public-____	r-____ public-____
Akkusativ	r-____ public-____	r-____ public-____
Ablativ	r-____ public-____	r-____ public-____

	Singular	Plural
Nominativ	dies natalis	di-____ natal-____
Genitiv	di-____ natal-____	di-____ natal-____
Dativ	di-____ natal-____	di-____ natal-____
Akkusativ	di-____ natal-____	di-____ natal-____
Ablativ	di-____ natal-____	di-____ natal-____

Station II 5 a (Lösung)

Von Fall zu Fall

	Singular	Plural	Singular	Plural
Nominativ	res publica	r**es** public**ae**	dies natalis	d**ies** natal**es**
Genitiv	r**ei** public**ae**	r**erum** public**arum**	d**ei** natal**is**	d**ierum** natal**ium**
Dativ	r**ei** public**ae**	r**ebus** public**is**	d**iei** natal**i**	d**iebus** natal**ibus**
Akkusativ	r**em** public**am**	r**es** public**as**	d**iem** natal**em**	d**ies** natal**es**
Ablativ	r**e** public**a**	r**ebus** public**is**	di**e** natal**i**	d**iebus** natal**ibus**

.... bitte hier abtrennen ....

Station II 4 a (Lösung)

Von Fall zu Fall

	Singular	Plural	Singular	Plural
Nominativ	casus difficilis	cas**us** difficil**es**	fructus durus	fruct**us** dur**i**
Genitiv	cas**us** difficil**is**	cas**uum** difficil**ium**	fruct**us** dur**i**	fruct**uum** dur**orum**
Dativ	cas**ui** difficil**i**	cas**ibus** difficil**ibus**	fruct**ui** dur**o**	fruct**ibus** dur**is**
Akkusativ	cas**um** difficil**em**	cas**us** difficil**es**	fruct**um** dur**um**	fruct**us** dur**os**
Ablativ	cas**u** difficil**i**	cas**ibus** difficil**ibus**	fruct**u** dur**o**	fruct**ibus** dur**is**

Station II 5 b

Fit in den Formen?

ARBEITSAUFTRÄGE

1. Setze die unter a)-g) angegebenen Wortpaare vom Singular in den Plural und umgekehrt. Beachte dabei die KNG-Kongruenz (→ Station I 3).
2. Bestimme in der Tabelle Kasus, Numerus und Genus der Wortpaare. Was fällt dir auf?

Hinweise/Tipps

- Bestimme auch bei den Wortpaaren a)-g) zunächst jeweils Kasus und Numerus.
- Solltest du mit dieser Übung Schwierigkeiten haben, bearbeite zuerst bzw. wiederhole Station II 5 a.

a) diei festo → _____

b) rebus publicis → _____

c) meridiem iucundum → _____

d) planities admirabilis → _____

e) speciem pulchram → _____

f) facies tristes → _____

g) »O acies fortis!« → _____

	Kasus	Numerus	Genus
dierum multorum			
acie incolumi			
faciei hilari			
speciei ingentis			
perniciei turpi			
spem magnam			
meridie novo			
res difficiles	1.		
	2.		

Station II 5 b (Lösung)

Fit in den Formen?

a) diei festo (Dat. Sing.)   diebus festis
b) rebus publicis (Dat./Abl. Pl.)   rei publicae/re publica
c) meridiem iucundum (Akk. Sing.)   meridies iucundos
d) planities admirabilis (Nom. Sing.) planities admirabiles
e) speciem pulchram (Akk. Sing.)   species pulchras
f) facies tristes (Nom./Akk. Pl.)   facies tristis/faciem tristem
g) »O acies fortis!« (Vok. Sing.)   »O acies fortes!«

	Kasus	**Numerus**	**Genus**
dierum multorum	Gen.	Pl.	m.
acie incolumi	Abl.	Sing.	f.
faciei hilari	Dat.	Sing.	f.
speciei ingentis	Gen.	Sing.	f.
perniciei turpi	Dat.	Sing.	f.
spem bonam	Akk.	Sing.	f.
meridie novo	Abl.	Sing.	m.
res difficiles	1. Nom.	Pl.	f.
	2. Akk.	Pl.	f.

Auffällig ist:

dies und *meridies* sind als einzige der Substantive dieser Übung Maskulina; in der Regel sind Substantive der e-Deklination Feminina.
Merke dir:
dies ist in der Bedeutung »Tag« maskulinum, in der (selteneren) Bedeutung »Termin« aber femininum.

Station II 5 c

Gitterrätsel

ARBEITSAUFTRAG

Suche aus dem Gitter alle Formen von *dies* heraus und trage sie in das Deklinationsschema ein.

Hinweis

- Die Formen stehen waagrecht oder senkrecht in dem Gitter, aber nicht diagonal.
- Solltest du mit den Formen von *dies* Schwierigkeiten haben, bearbeite zuerst bzw. wiederhole Station II 5 a.

A	C	D	C	D	U	L	P	K	B	V	C	X	J	S	T
G	D	E	R	O	K	S	Q	D	Y	D	I	E	B	U	S
D	U	O	B	U	S	A	D	E	H	G	E	U	R	W	F
I	N	D	I	E	S	H	I	U	P	R	U	R	O	D	N
N	X	V	O	R	O	M	E	S	N	D	E	A	K	I	O
G	D	I	O	S	U	A	B	W	A	K	V	C	D	E	H
E	A	L	B	A	N	G	U	L	D	I	E	I	B	S	N
J	N	D	I	R	K	J	S	T	A	O	R	E	I	G	Z
K	A	D	V	I	E	L	S	P	A	S	S	F	D	I	E
M	B	I	J	K	O	D	I	E	S	Z	P	I	N	J	L
D	K	E	C	Q	E	Z	B	V	O	L	K	E	R	O	A
E	F	I	P	C	D	I	E	R	U	M	M	S	R	W	P
O	H	E	T	W	A	I	O	Z	R	F	G	D	I	E	M

	Singular	**Plural**
Nominativ		
Genitiv		
Dativ		
Akkusativ		
Ablativ		

Station II 5 c (Lösung)

Gitterrätsel

A	C	D	C	D	U	L	P	K	B	V	C	X	J	S	T
G	D	E	R	O	K	S	Q	D	Y	D	I	E	B	U	S
D	U	O	B	U	S	A	D	E	H	G	E	U	R	W	F
I	N	D	I	E	S	H	I	U	P	R	U	R	O	D	N
N	X	V	O	R	O	M	E	S	N	D	E	A	K	I	O
G	D	I	O	S	U	A	B	W	A	K	V	C	D	E	H
E	A	L	B	A	N	G	U	L	D	I	E	I	B	S	N
J	N	D	I	R	K	J	S	T	A	O	R	E	I	G	Z
K	A	D	V	I	E	L	S	P	A	S	S	F	D	I	E
M	B	I	J	K	O	D	I	E	S	Z	P	I	N	J	L
D	K	E	C	Q	E	Z	B	V	O	L	K	E	R	O	A
E	F	I	P	C	D	I	E	R	U	M	M	S	R	W	P
O	H	E	T	W	A	I	O	Z	R	F	G	D	I	E	M

	Singular	**Plural**
Nominativ	dies	dies
Genitiv	diei	dierum
Dativ	diei	diebus
Akkusativ	diem	dies
Ablativ	die	diebus

Station III 1 (Spielregeln)

Die Reise durch Italien

Spielmaterial

- Spielfeld
- 1 Würfel
- Spielfiguren
- Spielkarten des Umschlags »Station III 1«

Spielanleitung

1. Nehmt die Kärtchen aus dem Umschlag »Station III 1«, mischt sie gut und legt sie verdeckt vor euch auf einen Stapel.
2. Stellt eure Spielfiguren auf die Stadt Rom.
3. Der jüngste Spieler beginnt und würfelt.
4. Danach nimmt sein linker Nachbar die oberste Karte vom Stapel und liest dem ersten Spieler die Frage vor. Antwortet der Gefragte richtig, darf er mit seiner Spielfigur so viele Felder nach vorne rücken, wie er Augen gewürfelt hat. Beantwortet er die Frage falsch, bleibt er stehen.
5. Nun würfelt der Spieler, der gerade die Karte gezogen hat. Usw.
6. Gewonnen hat, wer als Erster einmal durch Italien gereist und wieder in Rom angekommen ist.

Hinweis

Ihr könnt die Regeln dahingehend ändern, dass man bei einer falschen Antwort einmal aussetzen muss. Als weitere Variante kann man das Spiel auch nach einer vorher vereinbarten Zeit beenden; gewonnen hat dann, wer nach Ablauf der Zeit am weitesten auf dem Spielfeld vorgerückt ist.

Viel Spaß !!!

.... bitte hier abtrennen ....

Station III 1 (Hinweise)

Hinweise für den Lehrer

1. Kopieren oder übertragen Sie die nachfolgenden Spielkarten auf Karteikarten und legen Sie diese in einen Umschlag mit der Aufschrift »Station III 1«.
2. Fügen Sie dem Spielfeld fünf verschiedenfarbige Spielsteine und einen Würfel bei.

Station III 1 (Spielfeld)

Die Reise durch Italien

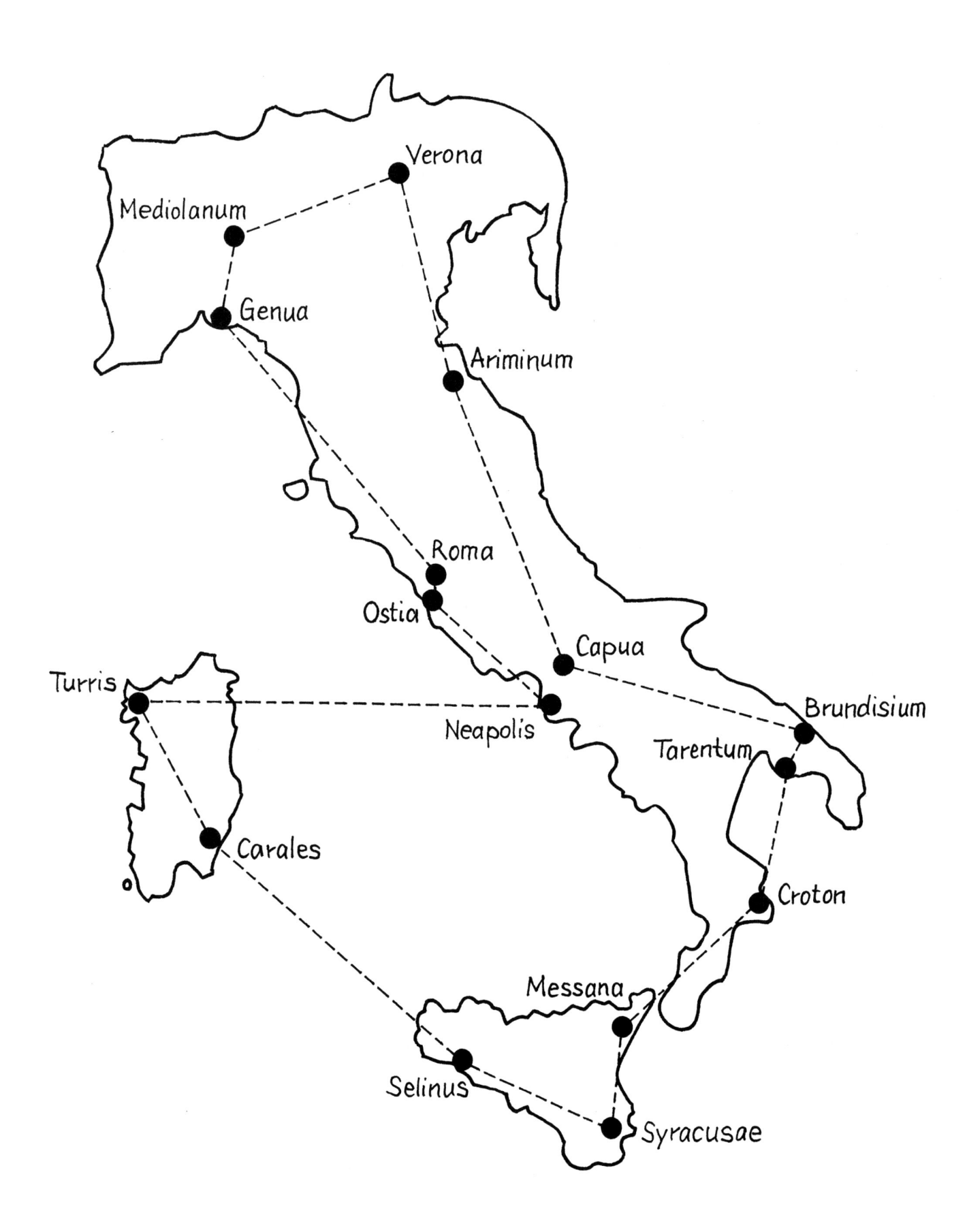

Station III 1 (Spielkarten)

Bilde den Vok. Sing. von *dominus*.	Bilde den Gen. Sing. von *res publica*.	Bestimme die Form *hominum* nach Kasus, Numerus und Genus.	Bilde den Akk. Pl. von *mare altum*.
domine	*rei publicae*	**Gen. Pl. m.**	*maria alta*
In welchem Kasus steht gewöhnlich das Subjekt eines Satzes?	Zu welcher Deklination gehören die Worte *res*, *dies* und *acies*?	Wie fragt man nach dem *ablativus instrumentalis*?	Wie fragt man nach dem *dativus commodi*?
Im Nominativ	**Zur e-Deklination**	**Womit oder wodurch?**	**Für wen oder für was?**
Welche der folgenden Formen ist kein Genitiv: *clamoris*, *regionis* oder *templis*?	Was bedeutet KNG-Kongruenz? **Übereinstimmung in Kasus, Numerus und Genus**	Nach welchen Deklinationen werden Adjektive auf *-us*, *-a*, *-um* dekliniert?	Welche Deklinationen gehören zur 3. Deklination? **Konsonantische, i- und gemischte Deklination**
templis (Dat./Abl. Pl.)		**a- und o-Deklination**	
In welchen Fällen kommt die Endung *-o* in der o-Deklination vor?	In welchen Fällen kommt die Endung *-ae* in der a-Dekl. vor?	In welchen Fällen kommt die Endung *-ibus* in der 3. Deklination vor?	In welchen Fällen kommt die Endung *-e* in der e-Deklination vor?
Dat. und Abl. Sing.	**Gen. u. Dat. Sing., Nom. Pl.**	**Dat. und Abl. Pl.**	**Abl. Sing.**
Wie fragt man nach dem Akkusativ als Objekt?	Wie fragt man nach dem Akkusativ der Richtung?	Wie heißen die drei Genera? **Maskulinum, Femininum und Neutrum**	Setze *navium ingentium* in den Singular.
Wen oder was?	**Wohin?**		*navis ingentis*
Wie fragt man nach dem ablativus loci?	Bilde den Dat. Pl. von *aedificium*.	Bilde den Gen. Pl. von *serva*.	Bilde den Gen. Sing. von *exercitus*.
Wo?	*aedificiis*	*servarum*	*exercitus*
Bestimme die Form *speciei*.	Bestimme die Form *senatores*.	Bestimme die Form *mare*. **Nom. oder Akk. Sing. n.**	Bestimme die Form *multitudinis*.
Gen. oder Dat. Sing. f.	**Nom. oder Akk. Pl. m.**		**Gen. Sing. f.**
Bilde den Akk. Pl. von *casus felix*.	Bilde den Dat. Sing. von *puella pulchra*.	Bilde den Nom. Pl. von *magister severus*.	Bilde den Abl. Pl. von *magna vox*.
casus felices	*puellae pulchrae*	*magistri severi*	*magnis vocibus*
Bestimme die Form *avi hilaris*.	Bestimme die Form *via lata*.	Bestimme die Form *laborum durorum*.	Setze *species nobiles* in den Singular. *species nobilis* oder *speciem nobilem*
Gen. Sing. m.	**Nom. oder Abl. Sing. f.**	**Gen. Pl. m.**	
Setze *urbs antiqua* in den Plural.	Setze *senem laetum* in den Plural.	Setze *rei simplici* in den Plural.	Setze *cursus boni* in den Plural.
urbes antiquae	*senes laetos*	*rebus simplicibus*	*cursuum bonorum*

Station III 2

Lege an und räume ab!

Spielmaterial

- 2 Felder zum Anlegen (Singular und Plural)
- 2 Umschläge (Singular und Plural) mit jeweils 35 Kärtchen, auf denen ein dekliniertes Substantiv steht

Hinweis

Ihr könnt das Spiel entweder in zwei Durchgängen spielen, indem ihr zuerst nur die Singular-Kärtchen verwendet und danach das Spiel mit den Plural-Kärtchen wiederholt, oder ihr könnt die Singular- und Plural-Kärtchen gleichzeitig verwenden, sodass alle 70 Kärtchen auf einmal im Spiel sind.

Spielanleitung

1. Mischt die Kärtchen gut und breitet sie verdeckt vor euch auf dem Tisch aus.
2. Der jüngste Spieler beginnt und deckt ein Kärtchen auf, sodass alle es sehen können. Deckt er den Nominativ zu einer der sieben Deklinationen auf, darf er das Kärtchen neben dem entsprechenden Anlagefeld ablegen und noch ein Kärtchen aufdecken.
   Gelingt es ihm jetzt, zur gleichen Deklination den Genitiv oder den Nominativ zu einer anderen Deklination aufzudecken, darf er das Kärtchen erneut ablegen und weitersuchen. An den Genitiv muss der Dativ angelegt werden usw. Ein Spieler darf so lange ein neues Kärtchen aufdecken, bis er kein passendes mehr zum Anlegen findet.
   Kann das aufgedeckte Kärtchen noch nicht angelegt werden, wird es verdeckt an seinen Platz zurückgelegt und der nächste Spieler ist an der Reihe. Auch dieser darf wieder so lange aufdecken, bis er kein Kärtchen mehr anlegen kann.
3. Wer an eine Reihe das letzte Kärtchen anlegt, darf die ganze Reihe behalten. Es kommt also nicht darauf an, wer die meisten Karten anlegt, sondern nur darauf, wer eine Reihe letztlich vervollständigen kann.
4. Wer am Ende die meisten Kärtchen hat, hat gewonnen.
5. Legt die Kärtchen bitte wieder in die richtigen Umschläge zurück, wenn ihr fertig seid.

Viel Spaß !!!

.... bitte hier abtrennen ....

Station III 2 (Hinweise)

Hinweise für den Lehrer

- Kopieren oder übertragen Sie das nachfolgende Spielmaterial – eventuell vergrößert – auf Pappkarton und kopieren Sie es noch einmal für die Schüler als Kontrollblatt.
- Schneiden Sie Rahmen und Kärtchen entlang der gestrichelten Linien aus, sodass Sie zweimal 35 Spielkarten und zwei Rahmen zum Anlegen der Karten erhalten.
- Kleben Sie die beiden Rahmen wiederum auf Pappkarton (Format: mind. DIN A4) – einen in der oberen und einen in der unteren Hälfte.
- Legen Sie die Spielkarten in einen Umschlag mit der Aufschrift »Station III 2 Singular« bzw. »Station III 2 Plural«.

SINGULAR	Nom.	Gen.	Dat.	Akk.	Abl.
a-Dekl.	via	viae	viae	viam	via
o-Dekl.	ludus	ludi	ludo	ludum	ludo
kons.-Dekl.	homo	hominis	homini	hominem	homine
i-Dekl.	mare	maris	mari	mare	mari
gem.-Dekl.	mons	montis	monti	montem	monte
e-Dekl.	res	rei	rei	rem	re
u-Dekl.	tumultus	tumultus	tumultui	tumultum	tumultu

PLURAL	Nom.	Gen.	Dat.	Akk.	Abl.
a-Dekl.	viae	viarum	viis	vias	viis
o-Dekl.	ludi	ludorum	ludis	ludos	ludis
kons.-Dekl.	homines	hominum	hominibus	homines	hominibus
i-Dekl.	maria	marium	maribus	maria	maribus
gem.-Dekl.	montes	montium	montibus	montes	montibus
e-Dekl.	res	rerum	rebus	res	rebus
u-Dekl.	tumultus	tumultuum	tumultibus	tumultus	tumultibus

Station III 3 (Spielregeln)

Formen-Halli-Galli®

Spielmaterial

2 Umschläge (»Substantive Station III 3« und »Adjektive Station III 3«) mit Spielkarten

Spielregeln

1. Stellt einen Gegenstand (Radiergummi, Spitzer oder Ähnliches), der gut greifbar ist, auf die Mitte des Tisches.
2. Nehmt die Karten aus den Umschlägen und mischt sie (nach Substantiven und Adjektiven getrennt).
3. Wenn ihr zu zweit spielt, erhält der eine Spieler den Substantiv-Stapel, der andere den mit den Adjektiven. Jeder Spieler legt seinen Stapel verdeckt vor sich hin. Falls ihr zu dritt spielt, bestimmt ihr zunächst einen Geber, der sich den beiden anderen Spielern gegenüber setzt. Der Geber legt dann beide Kartenstapel verdeckt vor sich hin.
4. Der Spieler mit dem Substantiv-Stapel beginnt. Abwechselnd wird jeweils die oberste Karte eines jeden Kartenstapels gut sichtbar aufgedeckt. Mit diesen Karten bildet ihr zwei offene Ablagestapel. Jede weitere Karte wird so auf dem jeweiligen offenen Ablagestapel abgelegt, dass die bisherige offene Karte abgedeckt und nur die oberste Karte sichtbar ist. Bei drei Spielern übernimmt der Geber das Aufdecken der Karten und fungiert bei Unstimmigkeiten als Schiedsrichter; er nimmt aber ansonsten nicht aktiv am Spiel teil.
5. Sobald sichtbar ist, dass zwei aufgedeckte Formen zueinander in KNG-Kongruenz stehen und ein sinnvolles Wortpaar bilden, versucht jeder Spieler, den Gegenstand in der Tischmitte zu nehmen.
6. Wer sich den Gegenstand zuerst genommen hat, gewinnt beide offenen Ablagestapel. Die gewonnenen Karten werden zur Seite gelegt und sind aus dem Spiel.
7. Dann beginnt eine neue Runde, indem der eben siegreiche Spieler die erste Karte seines Stapels aufdeckt.
8. Gewonnen hat, wer die meisten Karten besitzt, sobald alle Karten aufgebraucht sind. Bei drei Spielern können auch von vornherein drei Runden vereinbart werden, sodass jeder einmal die Rolle des Gebers übernimmt. Gewonnen hat dann, wer nach Ablauf der drei Runden insgesamt die meisten Karten »erbeutet« hat.

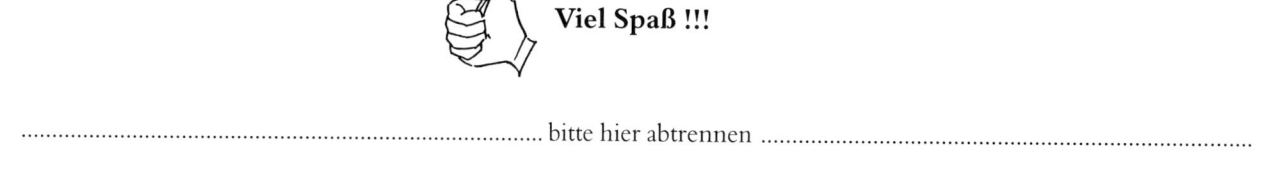

Viel Spaß !!!

.... bitte hier abtrennen ....

Station III 3 (Hinweise)

Hinweise für den Lehrer

Kopieren Sie die Seite mit den Spielkarten vergrößert, kleben Sie sie auf Pappkarton und schneiden Sie entlang der gestrichelten Linien die einzelnen Karten aus. Legen Sie dann die Substantive in einen Umschlag mit der Aufschrift »Substantive Station III 3« und die Adjektive in einen Umschlag mit der Aufschrift »Adjektive Station III 3«.

Station III 3 (Spielkarten)

Substantive:

dominis	liberi	tempore	navis	viam	villarum
pedibus	virorum	fluvii	laboribus	oratori	agros
filiis	militum	hostem	fratre	servae	avias
nomen	bestiarum	exempla	templa	sorores	corpus
noctes	fortuna	homo	coloni	servo	bellorum
libros	corpora	mundum	numerus	comiti	imperii
vim	tauri	regem	pater	pastorum	certamine
vilicum	cursu	re	mare	osculo	casus
impetui	spes	ventos	hostium	partis	amicas
reditu	voce	odor	itineris	gradibus	officia

Adjektive:

severis	laeti	antiquo	longae	latam	pulchrarum
sanis	firmorum	longi	duris	claro	multos
parvis	ignotorum	fortem	parvo	miserae	sapientes
illustre	ferarum	bona	ampla	hilares	validum
terribiles	mala	felix	infelices	libero	turpium
novos	talia	omnem	unus	fidae	Romani
ingentem	sacri	potentem	noster	ceterorum	vehementi
iratum	celeri	publica	nostrum	primo	varii
acri	magna	iucundos	crudelium	tertiae	caras
infelici	magna	dulcis	longinqui	summis	cuncta

Station III 4

Falscher Passagier an Bord

> ARBEITSAUFTRAG
>
> Streiche das Wort, das nicht in die Reihe gehört.

1. patria – tempora – clementia – disciplina
2. dei – patres – casus – maria – templum
3. ludi – homini – senatoris – tumultus – diei
4. gratias – familias – aquilas – insulas – potestas
5. puer – dominus – corpus – aedificium – magister
6. rebus – domiciliis – liberis – honoribus – praetoris
7. servum – terrarum – dierum – hominum – moenium
8. natio – muro – populo – pede – vi
9. porta – ratio – labor – vox – ars
10. voca – via – vita – villa – venia
11. adversarius – avus – adversus – annus – amicus
12. cursus – cibus – casus – currus – cruciatus

.... bitte hier abtrennen ....

Station V 2 (Deklinationskassette)

Deklinationskassette

> **Hinweise zur Benutzung der Kassette**
>
> Auf der beiliegenden Kassette findest du zu jeder lateinischen Deklination ein Substantiv als Beispiel »durchdekliniert.« Die Deklinationen sind in der gleichen Reihenfolge wie in Station II (→ Laufzettel) auf das Band gesprochen.
>
> 1. Nimm den Walkman und setze die Kopfhörer auf.
> 2. Spule die Kassette zu den Deklinationen, die dich interessieren.
> 3. Höre dir die Formen aufmerksam an und präge dir vor allem die Wortausgänge gut ein.
> 4. Wenn die Informationen für dich trotz der Pausen zu schnell aufeinander folgen oder du vielleicht eine Verschnaufpause einlegen möchtest, drücke die Pausetaste.
> 5. Du kannst die Kassette (ganz oder auch nur für eine bestimmte Deklination) beliebig oft hören.
> 6. Wenn du die Kassette nicht mehr benötigst, spule sie bitte wieder an ihren Anfang zurück.

Station III 4 (Lösung)

Falscher Passagier an Bord

1. patria – **tempora** – clementia – disciplina

    (*tempora* gehört zur kons. Dekl., alle anderen Substantive zur a-Dekl.)

2. dei – patres – casus – maria – **templum**

    (*templum* ist Singular, alle anderen Formen sind Plural bzw. können auch Plural sein)

3. ludi – **homini** – senatoris – tumultus – diei

    (*homini* ist Dat. Sing., alle anderen Formen sind Gen. Sing. bzw. können auch Gen. Sing. sein)

4. gratias – familias – aquilas – insulas – **potestas**

    (*potestas* ist Nom. Sing. kons. Dekl., alle anderen Substantive sind Akk. Pl. a-Dekl.)

5. puer – dominus – **corpus** – aedificium – magister

    (*corpus* gehört zur kons. Dekl., alle anderen Substantive zur o-Dekl.)

6. rebus – domiciliis – liberis – honoribus – **praetoris**

    (*praetoris* ist Gen. Sing., alle anderen Formen sind Dat. oder Abl. Pl.)

7. **servum** – terrarum – dierum – hominum – moenium

    (*servum* ist Akk. Sing., alle anderen Formen sind Gen. Pl.)

8. **natio** – muro – populo – pede – vi

    (*natio* ist Nom. Sing., alle anderen Formen sind Abl. Sing. bzw. können auch Abl. Sing. sein)

9. porta – ratio – **labor** – vox – ars

    (*labor* ist Maskulinum, alle anderen Substantive sind Feminina)

10. **voca** – via – vita – villa – venia

    (*voca* ist Imperativ Sing. von vocare, alle anderen Wörter sind Substantive der a-Dekl.)

11. adversarius – avus – **adversus** – annus – amicus

    (*adversus* ist kein Substantiv, sondern Adjektiv bzw. Adverb oder Präposition)

12. cursus – **cibus** – casus – currus – cruciatus

    (*cibus* gehört zur o-Dekl., alle anderen Wörter sind Substantive der u-Dekl. bzw. können es sein)

Über Odysseus

ARBEITSAUFTRAG

1. Lege in deinem Heft eine Tabelle nach folgendem Muster an:

Substantiv (+ Adj./Präp.)	Kasus	Numerus	Genus

2. Trage alle Substantive (und gegebenenfalls die dazu gehörenden Adjektive und Präpositionen) des Textes in die Tabelle ein und bestimme die Substantive nach Kasus, Numerus und Genus.

3. Übersetze den Text.

Hinweis

Im Text kommen 23 Substantive, 6 zu Substantiven gehörige Adjektive und 5 Präpositionen vor.

TEXT[1]

Troja konnte nach zehnjähriger Belagerung durch die Griechen nur mithilfe einer List des Odysseus eingenommen werden. Dem griechischen Helden war jedoch, wie der Dichter Homer (8. Jh. v. Chr.) in seinem Werk *Odyssee* berichtet, eine langwierige und gefahrvolle Heimkehr mit dem Verlust aller Gefährten beschieden.

Graeci, postquam Troiam expugnaverunt, omnia aedificia, moenia, turris deleverunt et Troianos interfecerunt.

Ne a templis quidem vim prohibuerunt.

Sed pernicies exercitui Graeco imminebat; nam dei irati naves Graecorum, qui ex Asia domum navigabant,

ventis adversis per cuncta maria pepulerunt et nautis interitum paraverunt.

De erroribus Ulixis Homerus poeta nobis in carmine insigni narrat.

---

1 Nach Helmut Schlüter und Kurt Steinicke, Ianua Nova A I, L 23 E, Göttingen 1984, S. 72.

Über Odysseus

Aufgaben 1 und 2

Substantiv (+ Adj./Präp.)	Kasus	Numerus	Genus
Graeci	Nom.	Pl.	m.
Troiam	Akk.	Sing.	f.
omnia aedificia	Akk.	Pl.	n.
moenia	Akk.	Pl.	n.
turris	Akk.	Pl.	f.
Troianos	Akk.	Pl.	m.
a templis	Abl.	Pl.	n.
vim	Akk.	Sing.	f.
pernicies	Nom.	Sing.	f.
exercitui Graeco	Dat.	Sing.	m.
dei irati	Nom.	Pl.	m.
naves	Akk.	Pl.	f.
Graecorum	Gen.	Pl.	m.
ex Asia	Abl.	Sing.	f.
ventis adversis	Abl.	Pl.	m.
per cuncta maria	Akk.	Pl.	n.
nautis	Dat.	Pl.	m.
interitum	Akk.	Sing.	m.
de erroribus	Abl.	Pl.	m.
Ulixis	Gen.	Sing.	m.
Homerus	Nom.	Sing.	m.
poeta	Nom.	Sing.	m.
in carmine insigni	Abl.	Sing.	n.

Übersetzung

Nachdem die Griechen Troja erobert hatten, zerstörten sie alle Gebäude, Stadtmauern und Türme und töteten die Trojaner.
Nicht einmal vor den Tempeln machten sie Halt (wörtlich: ... von den Tempeln hielten sie die Gewalt fern). Aber Verderben drohte dem griechischen Heer; denn erzürnte Götter trieben die Schiffe der Griechen, die aus Asien nach Hause segelten, mit ungünstigen Winden über alle Meere hin und vernichteten die Seeleute (wörtlich: ... bereiteten den Seeleuten den Untergang). Von den Irrfahrten des Odysseus erzählt uns der Dichter Homer in einem berühmten Lied.

Zwei Maulesel und die Räuber

ARBEITSAUFTRAG

1. Lege in deinem Heft eine Tabelle nach folgendem Muster an:

Substantiv (+ Adj./Präp.)	Kasus	Numerus	Genus

2. Trage alle Substantive (und gegebenenfalls die dazu gehörenden Adjektive und Präpositionen) des Textes in die Tabelle ein und bestimme die Substantive nach Kasus, Numerus und Genus.

3. Übersetze den Text.

Hinweis

Im Text kommen 18 Substantive, 6 zu Substantiven gehörige Adjektive und 2 Präpositionen vor.

TEXT[1]

Der Fabeldichter Phaedrus (1. Jh. n. Chr.) erzählt in einem seiner Bücher folgende Geschichte:

Duo muli sarcinis gravati ibant: unus ferebat fiscos cum pecunia, alter ferebat saccos multo hordeo.

Ille onere dives it celsa cervice, comes sequitur quieto et placido gradu.

Subito latrones ex insidiis advolant ferroque mulum sauciant, diripiunt nummos, neglegunt vile hordeum.

Spoliatus igitur cum casus suos fleret: »Equidem« inquit alter »me contemptum esse gaudeo; nam nil amisi nec vulnere laesus sum.«

---

1 Wulf Mißfeldt, Phaedrus. »Stark – schwach«. Fabeln. Text- und Arbeitsheft, Stuttgart 2002, S.6.

Zwei Maulesel und die Räuber

Aufgaben 1 und 2

Substantiv (+ Adj./Präp.)	Kasus	Numerus	Genus
duo muli	Nom.	Pl.	m.
sarcinis	Abl.	Pl.	f.
fiscos	Akk.	Pl.	m.
cum pecunia	Abl.	Sing.	f.
saccos	Akk.	Pl.	m.
multo hordeo	Abl.	Sing.	n.
onere	Abl.	Sing.	n.
celsa cervice	Abl.	Sing.	f.
comes	Nom.	Sing.	m.
quieto et placido gradu	Abl.	Sing.	m.
latrones	Nom.	Pl.	m.
ex insidiis	Abl.	Pl.	f.
ferro	Abl.	Sing.	n.
mulum	Akk.	Sing.	m.
nummos	Akk.	Pl.	m.
vile hordeum	Akk.	Sing.	n.
casus	Akk.	Pl.	m.
vulnere	Abl.	Sing.	n.

Übersetzung

Zwei Maulesel gingen, mit Gepäck beladen, dahin: Der eine trug Körbe mit Geld, der andere trug Säcke mit viel Gerste.
Jener schreitet reich an Last mit erhobenem Hals, der Begleiter folgt mit ruhigem und gleichmäßigem Schritt.
Plötzlich eilen Räuber aus einem Versteck herbei, verletzen einen Maulesel mit einem Schwert und rauben die Geldstücke, kümmern sich aber nicht um die billige Gerste.
Als der Beraubte folglich sein Schicksal beweinte, sagte der andere: »Ich freilich freue mich, dass ich verachtet worden bin; denn ich habe nichts verloren und bin nicht verwundet oder verletzt worden.«

Vergil, Aeneis

> **ARBEITSAUFTRAG**
>
> 1. Lege in deinem Heft eine Tabelle nach folgendem Muster an:
>
> | Substantiv (+ Adj./Präp.) | Kasus | Numerus | Genus |
> |---|---|---|---|
> | | | | |
>
> 2. Trage alle Substantive (und gegebenenfalls die dazu gehörenden Adjektive und Präpositionen) des Textes in die Tabelle ein und bestimme die Substantive nach Kasus, Numerus und Genus.
>
> 3. Übersetze den Text.
>
> **Hinweis**
>
> Im Text kommen 22 Substantive, 6 zu Substantiven gehörige Adjektive und 2 Präpositionen vor.

TEXT[1]

Der Dichter Vergil (70-19 v. Chr.) besingt in seinem berühmten Werk *Aeneis* die Taten des Trojaners Aeneas, der aus dem brennenden Troja flüchten muss und nach langen Irrfahrten nach Italien kommt, um sich dort als späterer Ahnherr der Römer nach vielen blutigen Kriegen niederzulassen.
Vergil beginnt sein zwölf Bücher umfassendes Werk mit folgenden Worten:

Arma virumque cano, Troiae qui primus ab oris

Italiam fato profugus Lavinaque venit

litora. Multum ille et terris iactatus et alto

vi superum, saevae memorem Iunonis ob iram,

multa quoque et bello passus, dum conderet urbem

inferretque deos Latio; genus unde Latinum

Albanique patres atque altae moenia Romae.

---

1 Vergil, Aeneis I,1–7.

Vergil, Aeneis

Aufgaben 1 und 2

Substantiv (+ Adj./Präp.)	Kasus	Numerus	Genus
arma	Akk.	Pl.	n.
virum	Akk.	Sing.	m.
Troiae	Gen.	Sing.	f.
ab oris	Abl.	Pl.	f.
Italiam	Akk.	Sing.	f.
fato	Abl.	Sing.	n.
profugus	Nom.	Sing.	m.
Lavina litora	Akk.	Pl.	n.
terris	Abl.	Pl.	f.
alto	Abl.	Sing.	n.
vi	Abl.	Sing.	f.
superum	Gen.	Pl.	m.
saevae Iunonis	Gen.	Sing.	f.
ob memorem iram	Akk.	Sing.	f.
bello	Abl.	Sing.	n.
urbem	Akk.	Sing.	f.
deos	Akk.	Pl.	m.
Latio	Abl.	Sing.	n.
genus Latinum	Nom.	Sing.	n.
Albani patres	Nom.	Pl.	m.
altae Romae	Gen.	Sing.	f.
moenia	Nom.	Pl.	n.

Übersetzung

Ich besinge Waffen und den Mann, der als Erster von den Küsten Trojas, aufgrund des Schicksals als Flüchtling, nach Italien und an die lavinischen Strände kam. Jener wurde durch die Kraft der Götter viel sowohl durch Länder als auch durch die hohe See hin und her geworfen, wegen des unversöhnlichen Zorns der wütenden Juno, und er erlitt auch vieles im Krieg, solange bis er eine Stadt gründete und die (Haus-)Götter nach Latium brachte; von dort stammen das latinische Geschlecht und die albanischen Väter und die hohen Stadtmauern Roms (wörtlich: die Stadtmauern des hohen Roms).

Station V 1 (Deklinationstabellen)

Die Deklinationen im Singular

Kasus	a-Dekl.	o-Dekl.		Kons. Dekl.		i-Dekl.	gem. Dekl.	u-Dekl.	e-Dekl.
		maskulinum	neutrum	mask./fem.	neutrum				
Nom.	serv**a**	domin**us**	temp**lum**	senator	corpus	turr**is**	urb**s**	cas**us**	r**es**
Gen.	serv**ae**	domin**i**	templ**i**	senator**is**	corpor**is**	turr**is**	urb**is**	cas**us**	r**ei**
Dat.	serv**ae**	domin**o**	templ**o**	senator**i**	corpor**i**	turr**i**	urb**i**	cas**ui**	r**ei**
Akk.	serv**am**	domin**um**	temp**lum**	senator**em**	corpus	turr**im**	urb**em**	cas**um**	r**em**
Abl.	serv**a**	domin**o**	templ**o**	senator**e**	corpor**e**	turr**i**	urb**e**	cas**u**	r**e**

Die Deklinationen im Plural

Kasus	a-Dekl.	o-Dekl.		Kons. Dekl.		i-Dekl.	gem. Dekl.	u-Dekl.	e-Dekl.
		maskulinum	neutrum	mask./fem.	neutrum				
Nom.	serv**ae**	domin**i**	templ**a**	senator**es**	corpor**a**	turr**es**	urb**es**	cas**us**	r**es**
Gen.	serv**arum**	domin**orum**	templ**orum**	senator**um**	corpor**um**	turr**ium**	urb**ium**	cas**uum**	r**erum**
Dat.	serv**is**	domin**is**	templ**is**	senator**ibus**	corpor**ibus**	turr**ibus**	urb**ibus**	cas**ibus**	r**ebus**
Akk.	serv**as**	domin**os**	templ**a**	senator**es**	corpor**a**	turr**is**/**es**	urb**es**	cas**us**	r**es**
Abl.	serv**is**	domin**is**	templ**is**	senator**ibus**	corpor**ibus**	turr**ibus**	urb**ibus**	cas**ibus**	r**ebus**